戴東原的哲學

胡適 著

民國滬上初版書·復制版

戴東原的哲學

胡適 著

上海三聯書店

图书在版编目(CIP)数据

戴东原的哲学 / 胡适著. ——上海：上海三联书店，2014.3
(民国沪上初版书·复制版)
ISBN 978-7-5426-4640-8
Ⅰ.①戴… Ⅱ.①胡… Ⅲ.①戴震(1723～1777)—哲学思想—研究
Ⅳ.①B249.65
中国版本图书馆 CIP 数据核字(2014)第 035511 号

戴东原的哲学

著　　者 / 胡适
责任编辑 / 陈启甸 王倩怡
封面设计 / 清风
策　　划 / 赵炬
执　　行 / 取映文化
加工整理 / 嘎拉 江岩 牵牛 莉娜
监　　制 / 吴昊
责任校对 / 笑然

出版发行 / 上海三联书店
(201199)中国上海市闵行区都市路 4855 号 2 座 10 楼
网　　址 / http://www.sjpc1932.com
邮购电话 / 021-24175971
印刷装订 / 常熟市人民印刷厂

版　　次 / 2014 年 3 月第 1 版
印　　次 / 2014 年 3 月第 1 次印刷
开　　本 / 650×900　1/16
字　　数 / 285 千字
印　　张 / 23
书　　号 / ISBN 978-7-5426-4640-8/B·348
定　　价 / 112.00 元

民国沪上初版书·复制版

出版人的话

如今的沪上，也只有上海三联书店还会使人联想起民国时期的沪上出版。因为那时活跃在沪上的新知书店、生活书店和读书出版社，以至后来结合成为的三联书店，始终是中国进步出版的代表。我们有责任将那时沪上的出版做些梳理，使曾经推动和影响了那个时代中国文化的书籍拂尘再现。出版“民国沪上初版书·复制版”，便是其中的实践。

民国的“初版书”或称“初版本”，体现了民国时期中国新文化的兴起与前行的创作倾向，表现了出版者选题的与时俱进。

民国的某一时段出现了春秋战国以后的又一次百家争鸣的盛况，这使得社会的各种思想、思潮、主义、主张、学科、学术等等得以充分地著书立说并传播。那时的许多初版书是中国现代学科和学术的开山之作，乃至今天仍是中国学科和学术发展的基本命题。重温那一时期的初版书，对应现时相关的研究与探讨，真是会有许多联想和启示。再现初版书的意义在于温故而知新。

初版之后的重版、再版、修订版等等，尽管会使作品的内容及形式趋于完善，但却不是原创的初始形态，再受到社会变动施加的某些影响，多少会有别于最初的表达。这也是选定初版书的原因。

民国版的图书大多为纸皮书，精装（洋装）书不多，而且初版的印量不大，一般在两三千册之间，加之那时印制技术和纸张条件的局限，几十年过来，得以留存下来的有不少成为了善本甚或孤本，能保存完好无损的就更稀缺了。因而在编制这套书时，只能依据辗转找到的初版书复制，尽可能保持初版时的面貌。对于原书的破损和字迹不清之处，尽可能加以技术修复，使之达到不影响阅读的效果。还需说明的是，复制出版的效果，必然会受所用底本的情形所限，不易达到现今书籍制作的某些水准。

民国时期初版的各种图书大约十余万种，并且以沪上最为集中。文化的创作与出版是一个不断筛选、淘汰、积累的过程，我们将尽力使那时初版的精品佳作得以重现。

我们将严格依照《著作权法》的规则，妥善处理出版的相关事务。

感谢上海图书馆和版本收藏者提供了珍贵的版本文献，使“民国沪上初版书·复制版”得以与公众见面。

相信民国初版书的复制出版，不仅可以满足社会阅读与研究的需要，还可以使民国初版书的内容与形态得以更持久地留存。

2014年1月1日

戴東原的哲學

胡適著

中華民國十六年十月初版

戴東原的哲學目錄

戴東原的哲學

一　引論

中國近世哲學的遺風，起於北宋，盛於南宋，中興於明朝的中葉，到了清朝，忽然消歇了。清朝初年雖然緊接晚明，已截然成了一個新的時代了。自顧炎武以下，凡是第一流的人才，都趨向做學問的一條路上去了；哲學的門庭大有冷落的景況。接近朱熹一脈的學者，如顧炎武，如閻若璩，都成了考證學的開山祖師。接近王守仁一派的，如黃宗羲自命爲劉宗周的傳人，如毛奇齡自命爲得王學別傳，也都專注在史學與經學上去了。北方特起的顏元李塨一派，雖然自成一個系統，其實只是一種強有力的『反玄學』的革命；固然給中國近世思想史開了一條新路，然而宋明理學卻因此更倒霉了。這種『反玄學』的運動是很普遍的。顧炎武，黃宗羲，黃宗炎，閻若璩，毛奇齡，姚際恆，胡渭，都是這個大運動的一分子，不過各人專力攻擊的方向稍有不同罷了。

約略說來，當日『反玄學』的運動，在破壞的方面，有兩個趨勢。一是攻擊那談心說性的玄學；一是攻擊那先天象數的玄學。清學的開山祖師顧炎武就兼有這兩種趨勢。他對於那高談心性的玄學，曾說：

『古之聖人所以教人之說，其行在孝弟忠信，其職在洒掃應對進退，其文在詩，書，禮，易，春秋；其用之身，在出處，去就，交際；其施之天下，在政令，教化，刑法。雖其和順積中，而英華發外，亦有體用之分，然並無用心於內之說。』（日知錄十八）

他又說當日的理學家：

『不習六藝之文，不考百王之典，不綜當代之務，舉夫子論學論政之大端一切不問，而曰「一貫」，曰「無言」；以明心見性之空言，代修己治人之實學。』(日知錄七)

『舍「多學而識」，以求「一貫」之方；置四海之困窮不言，而終日講危微精一之說。』(文集，與友人論學書)

同時他對於那先天圖象的玄學，也曾說：

『聖人之所以學易者，不過庸言庸行之間，而不在乎圖書象數也。今之穿鑿圖象以自爲能者，畔也。……』

『希夷之圖，康節之書，道家之易也。自二子之學興，而空疏之人，迂怪之士，舉竄迹於其中以爲易，而其易爲方術之書，於聖人寡過反身之學，去之遠矣。』(日知錄一)

這兩種趨勢後來都有第一流人才加入，繼續發揮。黃氏弟兄攻擊象數之學最力；毛奇齡也很有功；胡渭的易圖明辨可算是這一方面的集大成。心性的玄學在北方遇着顏元李塨的痛勦，在南方又遭費經虞費密等人的攻擊。閻若璩指出古文尚書裏『人心惟危，道心惟微；惟精惟一，允執厥中』十六個字是出於道經的：這也可算是對那『危微精一』之學放了一枝很厲害的暗箭。但當日的『反玄學』大革命，簡單說來，不出兩個根本方畧：一是證明先天象數之學是出於道士的，一是證明那明心見性之學是出於禪宗的：兩者都不是孔門的本色。

反玄學的運動，在破壞的方面，居然能轉移風氣，使人漸漸地瞧不起宋明的理學。在建設的方面，這個大運動也有兩種趨勢。一面是注重實用，一面是注重經學：用實用來補救空疏，用經學來代替理學。前者可用顏李學派作代表，後者可用顧炎武等作代表。從顏李學派裏產出一種新哲學的基礎。從顧炎武以下的經學裏產出一種新的做學問的方法。戴東原的哲學便是這兩方面的結婚的產兒。

顏元（1635—1704）主張一種很徹底的實用主義。他自己經過亂離的慘痛，從經驗裏體會出宋明儒者的無用；不但主靜主敬是走入了禪宗的路，就是程朱一派拿誦讀章句作『格物窮理』也是『俗學』而非正道。他自號爲『習齋』習即是實地練習。他說『格物』的物即是古人所謂『三物』，三物即是六德六行六藝。古人又說正德，利用，厚生，謂之『三事』事也就是物。他說『道不在章句，學不在誦讀；期如孔門博文約禮，實學，實習，實用之天下。』（與陸道威書）他最恨宋儒不教人習事而只教人明理。他說，『孔子則只教人習事。迨見理於事，則已徹上徹下矣。』（存學編）他因此極端崇信孔子『民可使由之，不可使知之』的話，以爲那是『治民之定法！』他說，『空談易於藏拙，是以宋儒舍古人六府六藝之學而高言性命也。予與法乾王子初爲程朱之學，談性天似無齟齬。一日從事於歸除法，已多謬誤，況禮樂之精博乎？昔人云，「畫鬼容易畫馬難」正可喻此。』（存性編）畫鬼所以容易，正因爲鬼是不能實證的；畫馬所以難，正因爲馬是人人共見的東西，可以實驗的。

（李塨也引此語，並說，『以鬼無質對，馬有證佐也。』）

顏元說，『學之亡也亡其粗也。願由粗以會其精。政之亡也，亡其迹也。願崇迹以行其義，』（年譜）這幾句話最精當。宋人曾說儒門淡薄，收拾不住第一流的人才。（見宗杲的宗門武庫）所以宋儒起於禪宗最盛之時，自不容不說的精微奧妙，才免得『淡薄』之譏。

自宋至明的哲學史，除了陳亮葉適一班人之外，只是與禪宗爭玄競妙的歷史。顏元大膽地指出他們說的太精了，太空了；他要人從那粗淺的藝學制度下手，從那可以實證的實迹下手。這是顏學的要旨。例如他說性，老老實實地承認『性即是氣質之性』；『譬之目矣，……光明之理固是天命，眶皰睛皆是天命，更不必分何者是天命之性，何者是氣質之性。』（存性篇）又如他論史事，很替王安石韓侂胄辯護；他說王安石的新法『皆屬良法，後多踵行』；他誇獎韓侂胄伐金之舉是『爲祖宗雪恥於地下。』（宋史評引見年譜）他論史事，頗推崇『權略』；他說，『其實此權字即「未可與權」之權；度時勢，審輕重，而不失其節，是也。……世儒等之詭詐之流，而推於聖道外，使漢唐豪傑不得近聖人之光，此陳同甫（陳亮）所以扼腕也。』這些見解都可以見顏元講學不避粗淺，只求切用；不務深刻，只重實迹。

顏元的大弟子李塨（1659—1733）發揮師說，說的更圓滿細密，但仍舊遵守這種『由粗』『崇迹』的主旨。例如他說『道』只是『通行』，『理』只是『條理』。『在天在人通行者，名之曰道。理字則聖經甚少。中庸「文理」，與孟子「條理」，同言道秩然有條，猶玉有脈理，地有分理也。易曰，「窮理盡性以至於命」，理見於事，性具於心，命出於天，亦條理之義也。』（傳注問）他在別處也說，『以陰陽之氣之流行也，謂之道。以其有條理，謂之理。』（周易傳注）又說，『夫事有條理曰理，即在事中。今曰理在事上，是理別爲一物矣。天事曰天理，人事曰人理，物事曰物理。詩曰，「有物有則」，離事物何所爲理乎？』（傳注問）

宋明的理學家一面說天理，一面又主張『去人欲。』顏李派旣以『正德，利用，厚生，』爲主，自然不能承認這種排斥人欲的哲學。李塨在這一層上，態度更爲明顯。宋儒誤承僞尙書『人心維危，道心維微』的話，以爲人心是人欲，是可怕的東西，應該遏抑提防，不許他出亂子。李塨說，『先儒指人心爲私欲，皆誤。「人心維危」謂易引於私欲耳，非卽私欲也。』他又說，『今指己之耳目而卽謂之私欲，可乎？……今指工歌美人而卽謂之私欲，可乎？其失在「引」「蔽」二字，謂耳目爲聲色所引蔽而邪僻也。不然，「形色，天性，」(孟子語)豈私欲耶？』(大學辨業)

宋儒自二程以後，多說『涵養須用敬，進學則在致知』兩句話。致知一方面，程朱一派與陸王一派大不相同，紛爭不了。但主敬一方面，無論是程朱，是陸王，總沒有人敢公然出來否認的。顏李之學始大聲疾呼地指出宋儒的主敬只是佛家打坐的變相；指出離事而說敬，至多不過做到禪門的惺惺寂寂，毫無用處。李塨說，『宋儒講主敬，皆主靜也。主一無適，乃靜之訓，非敬之訓也』。他又引一位潘用微（寧波人，與黃宗羲萬斯同同時，著有求仁錄等書。）的話道，『必有事之謂敬，非心無一事之謂敬。』他又說，『聖門不空言敬。「敬其事，」「執事敬，」「行篤敬，」「修己以敬，」孟子所謂必有事也』。（以上皆見傳注問）當日一班排斥陸王而擁護程朱的人，如張伯行之流，都說陸王主靜而不主敬，所以入於禪。李塨指出宋儒主敬都只是主靜。『主靜立人極，周子之教也。靜坐雪深尺餘，程朱之學也。半日靜坐半日讀書，朱子之功課也。然則主靜正宋儒學也』。（年譜）

顏李的學派和宋明理學的根本區別有兩點：理學談虛理，而顏學講實用；理學主靜主敬，而顏學主動，主習事，主事功。有人說程朱與孔孟『隔世同堂』，似不可排斥。顏元說：『請畫二堂子觀之。一堂上坐孔子，劍佩，觿決，雜玉，革帶，深衣。七十子侍，或習禮，或鼓琴瑟；或羽籥舞文，干戚舞武；或問仁孝，或商兵農政事；服佩亦如之。壁間置弓矢，鉞，戚，簫，磬，算器，馬策，及禮衣冠之屬。一堂上坐程子，峨冠博帶，垂目坐，如泥塑。如游，楊，朱，陸者侍，或返

觀靜坐，或執書伊吾，或對談靜敬，或搦筆著述。　壁上置書籍，字卷，翰研，梨棗。　此二堂同否？』（年譜）

李塨也有同樣的觀察：『聖學踐形以盡性。　耳聽目明，踐耳目之形也。　手恭足重，踐手足之形也。　身修心睿，踐身心之形也。　踐形而仁義禮智之性盡矣。　今儒墮形以明性。耳目但用於誦讀，耳目之用去其六七。　手但用於寫字，手之用去其七八。　足惡動作，足之用去九。　靜坐觀心而身不喜事，身心之用亦去九。　形既不踐，性何由全？　此一實一虛一有用，一無用；一爲正學，一陷異端：不可不辨也。』（年譜）

以上說清初的實用主義的趨勢，用顏李學派作代表。　顏李學派是一種反對理學的哲學，但他們說氣質是性，通行是道，條理是理，說人欲不當排斥，而靜坐式的主敬是無用的；說格物在於『犯手實做其事』，而知識在於實習實行；說學在於習行，而道在於實用（三物，三事）——這也是一種新理學了。在那個排斥玄學的空氣裏，這種新理學一時也不易成立。況且當日承晚明的流離喪亂之後，大家歸咎於王學；程朱的學派大有復興的樣子。大師如顧炎武，他雖痛斥王學，而對於朱熹他始終敬禮。朝廷之上也正在提倡程朱；而在野學者的風氣也與朱學『窮理致知』『道問學』的宗旨很接近。所以提倡『實學』是多數學者所公認的，而攻擊程朱是他們不能一致承認的。況且當日南方的理學大師如張履祥，如呂留良，如陸隴其，都是朱學的信徒。陸隴其竟說：『愚近年所見覺得孟子之後，至朱子知之已極其明，言之已極其詳，後之學者更不必他求，惟即其所言而熟察之身體之，去其背叛者與其陽奉而陰叛者，則天下之學無餘事矣』。（三魚堂文集六，答某）在這個極端『述朱』的空氣裏，顏李自然成了叛教的罪人，顏李學派所以受排斥，（江藩，阮元，唐鑑等人記載清代學術，都不提及顏李；方苞作李塨的墓誌，竟說他後來不是顏學的信徒了；程廷祚是顏李的南方傳人，而程晉芳為他作墓誌，竟不提及顏李一個字。這都是顏李受排斥的證據）這也是一個重要原因。

其次，當日反玄學的運動之中還有一個最有力而後來成績最大的趨勢，就是經學的復興。顧炎武說：

『……躁競之徒，欲速以成名於世；語之以五經，則不願學；語之以白沙陽明的語錄，則欣然矣，以其襲而取之易也。』（與友人論門人書）

他又說：

『愚獨以爲理學之名自宋人始有之。古之所謂理學，經學也，非數十年不能通也。……今之所謂理學，禪學也；不取之五經而但資之語錄，校諸帖括之文而尤易也。』（與施愚山書）

用『經學』來代替『禪學』，這是當日的革命旗號。『經學』並不是清朝獨有的學術，但清朝的經學卻有獨到的長處，可以說是與前代的經學大不相同。漢朝的經學重詁訓，名爲近古而實多臆說；唐朝的經學重株守，多注『注』而少注經；宋朝的經學重見解多新義而往往失經的本義。清朝的經學有四個特點：(一)歷史的眼光，(二)工具的發明，(三)歸納的研究，(四)證據的注重。因爲清朝的經學具有這四種特長，所以他的成績最大而價值最高。

第一，歷史的眼光只是尋源溯流，認清時代的關係，顧炎武說：

『經學自有源流。自漢而六朝，而唐，而宋，必一一攷究，而後及於近儒之所著，然後可以知其異同離合之指。如論字者必本於說文，未有據隸楷而論古文者也。』(文集四，與人書四)

論字必本於說文，治經必本於古訓，論音必知古今音的不同，這就是歷史的眼光。懂得經學有時代的關係，然後可以把宋儒的話還給宋儒，把唐儒的話還給唐儒，把漢儒的話還給漢儒。清朝的經師後來趨重漢儒，表章漢學，雖然也有過當之處，然而他們的動機卻只是一種歷史的眼光，認定治古書應該根據於最古的詁訓；漢儒『去古未遠』所以受他們的特別看重了。

第二，清儒治經最能明瞭『工具』的重要。治經的工具就是文字學（包括聲音，形體，訓詁等項）和校勘學。顧炎武曾說：

『愚以爲讀九經自考文始，考文自知音始。以至諸子百家之書，亦莫不然。』（答李子德書）

考文是校勘學的事，知音是文字學的事。後來這兩種學問都陸續增長，多所發現，遂成兩種獨立的科學。閻若璩說：

『疏於校讎，則多脫文譌字，而失聖人手定之本經。昧於聲音詁訓，則不識古人之語言文字，而無以得聖人之眞意。』（臧琳經義雜記序）

清朝的經學所以能有那麽大的成績，全都靠這兩種重要工具的發達。

第三，歸納的研究是淸儒治經的根本方法。凡比較同類的事實，推求出他們共同的涵義來，都可說是歸納。例如尚書洪範『無偏無頗，遵王之義』唐明皇改『頗』爲『陂』，好和『義』字協韻。顧炎武說他：

『蓋不知古人之讀「義」爲「我」，而「頗」之未嘗誤也。易象傳，「鼎耳革，失其義也。覆公餗，信如何也。」禮記表記，「仁者右也，道者左也；仁者人也，道者義也。」是義之讀爲我。而其見於他書者，遽數之不能終也。』（答李子德書）

比較易象傳，表記，洪範……而推得『義之讀爲我』的共同涵義，這便是歸納的方法。

黃宗羲作萬斯大的墓誌，曾說：

『充宗（斯大的字）……湛思諸經，以爲非通諸經，不能通一經；非悟傳註之失，則不能通經；非以經釋經，則亦無由悟傳註之失。何謂通諸經以通一經？經文錯互，有此略而彼詳者，有此同而彼異者；因詳以求其略，因異以求其同，學者所當致思者也。

何謂悟傳註之失？　學者入傳註之重圍，其於經也無庸致思。　經既不思，則傳註無失矣，若之何而悟之？　何謂以經解經？　世之信傳註者，過於信經。……「平王之孫，齊侯之子」，證諸春秋，一在魯莊公元年，一在十一年，皆書「王姬歸於齊」。周莊王爲平王之孫，則王姬當是其姊妹。……毛公以爲武王女，文王孫；所謂「平王」爲平正之王，「齊侯」爲齊一之侯，非附會乎？　如此者層見疊出。　充宗會通各經，證墜緝缺，聚訟之議，渙然冰泮。（南雷文定前集八）

這裏所說『通諸經以通一經』，『以經解經』，都只是把古書互相比較，求出他們相互的關係或共同的意義。　顧炎武等人研究古韻，戴震以下的學者研究古義，都是用這種方法。

第四，清朝的經學最注重證據。　證據是推理立說所根據的東西；法庭上的人證與物證便是判斷訴訟的根據。　明朝陳第作毛詩古音考(1601--1606)，全書用證據作基礎；他自己說：

『列「本證」「旁證」二條。本證者，詩自相證也。旁證者，采之他書也。』（自序）

如他考『服』字古音『逼』，共舉出

本證十四條，

旁證十條。

顧炎武作詩本音，於『服』字下舉出

本證十七條，

旁證十五條。

顧氏作唐韻正，於『服』字下共舉出一百六十二個證據。（卷十四，頁27—33）爲了要建立『服古音逼』的話，肯去搜集一百六十個證據，——這種精神，這種方法，是從古以來不曾有過的。有了一百六十個證據，這就叫人不得不相信了。陳第顧炎武提出這個求證據的方法，給中國學術史開了一個簇新的紀元。從此以後，便是『考證或考據的經學』的時代了。

總而言之，清初的學者想用經學來代替那玄談的理學，而他們的新經學又確然有許多特殊的長處，很可以獨立成一種學術。自從朱熹和陸九淵分門戶互相攻擊以來，陸王一派的理學家往往指訓詁章句之學爲『支離』，爲『瑣碎』；所以聰明才智之士往往不屑去做經學的工夫。顧炎武以後的經學便大不同了。主觀的臆說，穿鑿的手段，一概不中用了。搜求事實不嫌其博，比較參證不嫌其多，審察證據不嫌其嚴，歸納引申不嫌其大膽。用這種方法去治古書，眞如同新得汽船飛艇，深入不曾開闢的奇境，日有所得而年有所成；才大的可以有創造的發現，而才小的也可以盡一點『襞積補苴』的微勞。經學竟成了一個有趣味的新世界了！我們必須明白這一層，然後可以明白爲什麼明朝的第一流人才都做理學，而清朝的經學居然可以牢籠無數第一流的人才。

我在上文曾指出顏元李塨提倡一種新哲學，而終究不受歡迎，並且受許多人的排斥。我指出幾個理由：一是大家厭倦哲學了，二是時勢不相宜，三是顏李排斥程朱，時機還不曾成熟。明末大亂之後，大家對於理學都很厭倦了；顏李之學要排斥宋明理學的精微玄妙，而回到六藝三事的平實淡薄。他們的主張固然不錯；但理學所以能牢籠人心，正爲他說的那樣玄妙恍惚。顏李生當理學極絢爛之後，要想挽人回到平實的新理學，那如何做得到呢？顏元不要人讀書，而李塨使說他在這一點上『與先生所見微有不同。』顏元說，『道不在章句，學不在誦讀』；而李塨發憤要遍註諸經。（他有論語，中庸，周易，詩經等書的傳注。）再傳而後，南方的顏李信徒程廷祚便也成了一個經學大師。新理學終於被新經學吸收過去了。

大概說來，清朝開國的第一個世紀（1640—1740）是反玄學的時期；玄學的哲學固然因四方八面的打擊而日就衰微了，然而反玄學的哲學也終於不能盛行。顏李一派說，

『程朱之道不息，孔子之道不著。』但程朱的權威不是這樣容易打倒的。李塨的年譜內有記萬斯同自述的一段話：

『某少受學於黃黎洲先生，講宋明儒者緒言。後聞一潘先生（按此即潘用微，名平格）論學，謂陸釋朱羽，（謂陸是釋氏，朱是道家，）憬然於心。旣而黃先生大怒，同學競起攻之。某遂置學不講，曰，「予惟窮經而已。」以故，忽忽誦讀者五六十年。』（恕谷年譜卷三）

這一段話很可注意。萬氏弟兄從王學裏逃出來，轉向『窮經』的路上去。和他有同樣經驗的，當時定必不少。如費經虞費密父子從患難裏出來，經過靜坐習禪，終於轉入古經古註疏裏去。風氣已成，逃虛就實的趨勢已不可挽回，雖有豪傑之士如顏李也不能用他們的新哲學來代替那過去的舊理學。

但顏李的學說究竟留下了不少的積極分子，可以用來作爲一種新哲學的基礎。不過這些哲學的分子還須先受當時的新經學的洗禮，重新掛起新經學的旗號，然後可以進行作建設新哲學的大事業。程朱非不可攻擊，但須要用考據的武器來攻擊。哲學非不可中興，但須要用考證的工具來中興。

這件『中興哲學』的大事業，這件『建設新哲學』的大事業，顏元李塨失敗之後，直到戴震出來，方才有第二次嘗試。

二　戴東原的哲學

戴震生於雍正元年的十二月（1724年1月19日），那時清初的一班大師都死完了。但他們的影響都還存在。他雖然生在那多山的徽州，居然也能得着一種很高等的小學與經學的教育。二十歲後，他從婺源的江永受學；江永『治經數十年，精於三禮及步算，鐘律，聲韻，地名沿革。』江永不但是一個大學者，並且是一位朱學的大家，曾做一部近思錄集註。

戴震的著作之中，有一部經攷，共五卷，新近刻在鄦齋叢書裏。我們看這部書，可以知道戴氏對於程朱的書，對於清初一班大師的書，都曾做過很勤密的研究。在治學的方法一方面，他更是顧炎武閻若璩的嫡派傳人。他不但用那比較攷證的方法來治古音，並且用那方法來治校勘，來講故訓。他的天才過人，所以他在這幾方面都有很好的成績。

我們看他的兩部哲學書，——孟子字義疏證和原善——不能不疑心他曾受着顏李學派的影響。戴望作顏氏學記，曾說戴震的學說是根據於顏元而暢發其旨。（學記一，頁四）

我們至今不曾尋出戴學與顏李有淵源關係的證據。我個人推測起來，戴學與顏學的媒介似乎是程廷祚。程廷祚（1691—1767）二十歲後即得見顏李的書；二十四歲即上書給李塨，並著閑道錄，時在康熙甲午（1714），自此以後，他就終身成了顏李的信徒，與常州的惲鶴生同爲南方顏李學的宣傳者。程廷祚是徽州人，寄籍在江寧。戴震二十多歲時，他的父親帶他到江寧去請教一位同族而寄寓江寧的時文大家戴瀚。此事約在乾隆七八年(1742—1743)。後來乾隆二十年(1755)戴震入京之後，他曾屢次到揚州(1757，1758，1760)都有和程廷祚相見的機會。他中式舉人在乾隆二十七年(1762)；他屢次在江寧鄉試，也都可以見着程廷祚。況且程廷祚的族姪孫程晉芳(也是徽州人，寄籍淮安)是戴震的朋友；戴氏也許可以從他那邊得見程廷祚或顏李的著作。(程晉芳極推崇程廷祚，而不贊成顏李之學。他作正學論，力詆顏李，並駁戴震，大爲程朱辨寃。所以他明知程廷祚得力於顏李，——有與家綿莊先生書可證，——而他作綿莊先生墓誌銘，竟不提及顏李之學。)

依段玉裁的記載，戴震的原善三篇作於癸未(1763)以前，甲戌(1654)以後的十年之間。(戴氏年譜頁十六) 這十年正是戴氏往來揚州江寧之間，常得見程廷祚的時期。段氏又說乾隆三十一年(1766)曾聽得戴震自說，『近日做得講理學一書，』即是孟子字義疏證的初稿。（年譜，頁十七）這正是程廷祚死的前一年。依這種種可能的機會看來，我們似乎很可以假設程廷祚是顏學與戴學之間的媒介了。

我們研究戴震的思想變遷的痕跡，似乎又可以假定他受顏李的影響大概在他三十二歲（1755）入京之後。這一年的秋天，他有與方希原書，說：

『聖人之道在六經。漢儒得其制數，失其義理；宋儒得其義理，失其制數。譬有人焉，履泰山之巔，可以言山；有人焉，跨北海之涯，可以言水。二人者不相謀，天地間之鉅觀，目不全收，其可哉？抑言山也言水也，時或不盡山之奧，水之奇。奧奇，山水所有也；不盡之，闕物情也。』（與方希原書）

他在這時候還承認宋儒『得其義理，』不過『不盡』罷了。同年他又有與姚姬傳書，也說：

『先儒之學，如漢鄭氏，宋程子，張子，朱子，其為書至詳博，然猶得失中判。其得者，取義遠，資理闊。……其失者即目未覩淵泉所導，手未披枝肆所岐者也；而爲說轉易曉。學者淺涉而堅信之，用自滿其量之能容受，不復求遠者闊者。故誦法康成程朱，不必無人而皆失康成程朱於誦法中，則不志乎聞道之過也。誠有能志乎聞道，必去其兩失，殫力於其兩得』。

這裏他也只指出漢儒宋儒『得失中判』。這都是他壯年的未定之見。文集中有與某書，雖不載年月，然書中大旨與孟子字義疏證定本的主張相同，其爲晚年之作無疑。那書中的議論便與上文所引兩書大不相同了。他說：

『治經先考字義，次通文理。志存聞道，必空所依傍。漢儒故訓有師承，亦有時傅會。晉人傅會鑿空益多。宋人時恃胸臆爲斷，故其襲取者多謬，而不謬者在其所棄。我輩讀書原非與後儒競立說。宜平心體會經文。有一字非其的解，則於所言之意必差，而道從此失。……宋已來儒者以己之見硬坐爲古賢聖立言之意，而

語言文字實未之知。其於天下之事也，以己所謂「理」強斷行之，而事情原委隱曲實未能得。是以大道失而行事乖。』（與某書）

這時候他的態度更顯明了：漢儒的故訓也不免『有時傅會』；至於宋儒的義理，原來是『恃胸臆以爲斷，』『以己之見硬坐爲古賢聖立言之意。』這時候他不但否認宋儒『得其義理，』竟老實說他們『大道失而行事乖』了。

我們看這幾篇書，可以推知戴氏三十二歲入京之時還不曾排斥宋儒的義理；可以推知他在那時候還不曾脫離江永的影響，還不曾接受顏李一派排斥程朱的學說。如果他的思想眞與顏李有淵源的關係，那種關係的發生當在次年(1756)他到揚州以後。

戴震在淸儒中最特異的地方，就在他認淸了考據名物訓詁不是最後的目的，只是一種『明道』的方法。他不甘心僅僅做個考據家；他要做個哲學家。在這一點上，他有很明白的宣言；他說：

『經之至者，道也。所以明道者，其詞也。所以成詞者，字也。由字以通其詞，由詞以通其道，必有漸。』（與是仲明書）

又說：

『君子務在聞道也。今之博雅能文章，善考覈者，皆未志乎聞道。徒株守先儒而信之篤，如南北朝人所譏「寧言周孔誤，莫道鄭服非」，亦未志乎聞道者也。』（答鄭丈用牧書）

他又說：

『後之論漢儒者，輒曰，「故訓之學云爾，未與於理精而義明。」則試詰以「求理義於古經之外乎？若猶存古經中也，則鑿空者得乎？」嗚呼，經之至者，道也。所以明道者，其詞也。所以成詞者，未有能外小學文字者也。由文字以通乎語言，由語言以通乎古聖賢之心志，譬之適堂壇之必循其階而不可以躐等。是故鑿空之弊有二：其一，緣詞生訓也；其一，守譌傳謬也。緣詞生訓者，所釋之義非其本義；守譌傳謬者，所據之經倂非其本經。……………二三好古之儒，知此學之不僅在故訓，則以志乎聞道也，或庶幾焉』。（古經解鉤沉序）

戴氏這種見解，當時那班『襞積補苴』的學者都不能了解，只有章學誠能指出：

『凡戴君所學，深通訓詁，先於名物制度而得其所以然，將以明道也。時人方貴博雅考訂，見其訓詁名物有合時好，以爲戴之絕詣在此。及戴著論性原善諸篇，於天人理氣，實有發先人所未發，時人則謂空說義理，可以無作。是固不知戴學者矣』。（章氏遺書，朱陸篇書後）

章學誠常罵戴氏，但在實在是戴學的第一知己。

戴氏認淸了『此學不僅在故訓』，這是他特異於淸儒的第一要點。當時的人深信

『漢儒去古未遠』的話，極力崇奉儒戴；戴氏卻深知宋儒的義理雖不可靠，而漢儒的故訓也不可株守，所以學者『必空所依傍』『平心體會經文』。清代的經學大師往往誤認回到漢儒便是止境了；戴震晚年不說『回到漢儒』了，卻說『必空所依傍』，『回到經文』。這『必空所依傍』五個字，是清儒的絕大多數人決不敢說的。當時的學者王鳴盛曾評論惠棟和戴震兩人道：『今之學者斷推兩先生。惠君之治經求其古，戴君求其是』。（洪榜東原先生行狀引）空所依傍，而唯求其是，這是戴學的第二異點。

戴氏既以『明道』『聞道』爲目的，我們應該先看看他所謂『道』是什麼。他說『道』字，含有兩種意義：一是天道，一是人道。天道卽是天行，人道卽是人的行爲。他說：

『道猶行也』。（孟子字義疏證，以下省稱疏證，章十六）

『在天地，則氣化流行，生生不息，是謂道。在人物，則凡生生所有事，亦如氣化之不可已，是謂道』（同書，三二）

我們現在也依這個分別先論他的天道論

戴震的天道論，是一種自然主義。他從周易的繫辭傳入手，而繫辭傳的宇宙論實在是一種唯物的，自然的宇宙論，故王弼可用老莊的哲學來講易，而宋儒自周敦頤邵雍從道士隊裏出來也還可依附周易，做成一種儒道糅合的自然主義。戴氏說：

『道猶行也。氣化流行，生生不息，是故謂之道。易曰，「一陰一陽之謂道。」鴻範，「五行：一曰水，二曰火，三曰木，四曰金，五曰土。」行亦道之通稱。（原注：詩載馳，「女子善懷，亦名有行。」毛傳云，「行，道也。」竹竿，「女子有行，遠兄弟父母。」鄭箋云，「行，道也。」）舉陰陽則賅五行，陰陽各具五行也。舉五行即賅陰陽，五行各有陰陽也。』（疏證十六）

他在原善裏也有同樣的主張：

『道，言乎化之不已也。……生生者，化之原。生生而條理者，化之流。』（原善上，章一）

『一陰一陽蓋言天地之化不已也，道也。一陰一陽，其生生乎？其生生而條理乎？以是見天地之順，故曰一陰一陽之謂道。』（同書上，三）『易曰，「天地之大德曰生。」氣化之於品物，可以一言盡也生生之謂歟？』（同書上，四）

他論天道的要旨只是

『一陰一陽，流行不已，夫是之爲道而已。』（疏證十七）

他只認陰陽五行的流行不已，生生不息，便是道。這是一種唯物論，與宋儒的理氣二元論不相同。宋儒依據易繫辭『形而上者謂之道，形而下者謂之器』的話，建立他們的二元論，如朱子說：

『陰陽，氣也，形而下者也。所以一陰一陽者，理也，形而上者也。道即理之謂也。』

戴氏駁道：

『氣化之于品物，則形而上下之分也。形乃品物之謂，非氣化之謂。……形謂已成形質。形而上猶曰「形以前」，形而下猶曰「形以後」。（原注：如言「千載而上，千載而下」。詩，「下武維周」，鄭箋云，「下猶後也。」）陰陽之未成形質，是謂形而上者也，非形而下明矣。器言乎一成而不變，道言乎體物而不可遺。不徒陰陽非形而下；如五行水火木金土，有質可見，固形而下也，器也。其五行之氣，人物咸稟受于此，則形而上者也。』（疏證十七）

他老實承認那形而上和形而下的都是氣。這種一元的唯物論，在中國思想史上要算很大膽的了。

他的宇宙觀有三個要點：（一）天道卽是氣化流行；（二）氣化生生不已；（三）氣化的流行與生生是有條理的，不是亂七八糟的。生生不已，故有品物的孳生；生生而條理，故有科學知識可言。最奇特的是戴氏的宇宙觀完全是動的，流行的，不已的。這一點和宋儒雖兼說動靜，而實偏重靜的宇宙觀大不相同。戴氏也兼說動靜，他說：

『生則有息，息則有生，天地所以成化也。』（原善上，二）

但他說的『息』只是一種潛藏的動力：

『生生之呈其條理，「顯諸仁」也。惟條理是以生生，「藏諸用」也。顯也者，化之生於是乎見。藏也者，化之息於是乎見。生者至動而條理也。息者至靜而用神也。卉木之株葉華實，可以觀夫生。果實之白（即核中之仁），全其生之性，可以觀夫息。』（原善上，四）

我們看他用果實中的「白」來形容「息」，可以知道他雖也說息說靜，却究竟偏重生，偏重動的氣化。

他對於宋儒的二元的宇宙論，一面指出易繫辭「易有太極，是生兩儀，兩儀生四象，四象生八卦」的話本是指卦畫的，宋儒誤『兩儀爲陰陽，而求太極於陰陽之所由生，』（看疏證，中三〉一面又指出宋儒所以不能拋棄二元論，只因爲他們借徑於佛老之學，受其蔽而不自覺。他說：

『在老莊釋氏，就一身分言之，有形體，有神識，而以神識爲本。推而上之，以神爲有天地之本，遂求諸無形無迹者爲實有，而視有形有迹爲幻。在宋儒，以形氣神識同爲己之私，而理得於天。推而上之，於理氣截之分明，以理當其無形無迹之實有，而視有形有迹爲幻。益就彼之言而轉之，（原注：朱子辨釋氏云，「儒者以理爲不生不滅，釋氏以神識爲不生不滅。」）因視氣曰空氣，視心曰性之郛郭。是彼別形神爲二本而宅於空氣宅於郛郭者爲天地之神與人之神。此別理氣爲二本而宅於空氣宅於郛郭者爲天地之理與人之理。……其以理爲氣之主宰，如彼以神爲氣之主宰也。以理能生氣，如彼以神能生氣也。以理壞於形氣，無人欲之蔽，則復其初，如彼以神受氣而生，不以物欲累之，則復其初也。皆改其所指神識者以指理，徒援彼例此，而實非

得之於此。』（疏證十九）

以上述戴氏的宇宙觀。他是當日的科學家，精於算數歷象之學，深知天體的運行皆有常度，皆有條理，可以測算，所以他的宇宙觀也頗帶一點科學色彩，雖然說的不詳不備，究竟不愧爲梅文鼎江永錢大昕的時代宇宙論。（參看戴氏的原象八篇及續天文略一卷。當時輸入的西洋天文學猶是第谷［Tycho］以前地球中心說，故續天文略說，『天爲大圜，以地爲大圜之中心。』但當時人推求地球所以不墜之故，以爲『大圜氣固而內行，故終古不墜』，又說『梅文鼎所謂人居地上不憂環立，推原其故，惟大氣舉之一言足以蔽之。』當時人把氣看作如此重要，故戴氏的宇宙論以氣化爲天道。）

在敍述戴氏論天道之後，我們應該接着敍述他的性論，因爲他的性論是從他的天道論來的。戴氏論性最愛引大戴禮記的兩句話：

『分於道謂之命，形於一謂之性。』

他解釋這兩句話道：

『言分於陰陽五行以有人物，而人物各限於所分以成其性。陰陽五行，道之實體也。血氣心知，性之實體也。有實體，故可分。惟分也，故不齊。古人言性惟本於天道，如是。』（疏證十六）

『分於道者，分於陰陽五行也。一言乎分，則其限之於始，有偏全厚薄淸濁昏明之不齊，各隨所分而形於一，各成其性也。』（同書二十）

所以他下「性」的定義是：

『性者，分於陰陽五行以爲血氣心知，品物區以別焉。』（同書十九）

他說道的實體是陰陽五行。性的實體是血氣心知，而血氣心知又只是陰陽五行分出來的。這又是一種唯物的一元論，又和宋儒的理氣二元的性論相衝突了。宋儒說性有兩種：一是氣質之性，一是理性；氣質之性其實不是性，只有理性才是性；理無不善，故性是善的。戴氏說血氣心知是性，這正是宋儒所謂氣質之性。他却直認不諱。他說：

『記曰，「夫民有血氣心知之性，而無哀樂喜怒之常。應感起物而動，然後心術形焉。」(此樂記語) 凡有血氣心知，於是乎有欲。性之徵於欲，聲色臭味而愛畏分。既有欲矣，於是乎有情。性之徵於情，喜怒哀樂而慘舒分。既有欲有情矣，於是乎有巧與智。性之徵於巧智，美惡是非而好惡分。生養之道，存乎欲者也。感通之道，存乎情者也。二者自然之符，天下之事舉矣。盡美惡之極致，存乎巧者也；宰御之權，由斯而出。盡是非之極致，存乎智者也；賢聖之德，由斯而備。二者亦自然之符，精之以底於必然，天下之能舉矣。』(原善上，五)

戴氏書中最喜歡分別「自然」和「必然」：自然是自己如此，必然是必須如此，應該如此。自然是天，必然是人力。他說：

『耳目百體之所欲，血氣資之以養，所謂性之欲也。……由性之欲而語於無失，是謂性之德。性之欲，其自然之符也。性之德，其歸於必然也。歸於必然，適全其

自然。此之謂自然之極致。』（原善上，六）

這裏說自然和必然的區別很分明。血氣心知之性是自然的；但人的心知（巧與智）却又能指導那自然的性，使他走到『無失』的路上去，那就是必然。必然不是違反自然，只是人的智慧指示出來的『自然之極致』。

宋儒排斥氣質之性，戴氏認爲根本上的大錯誤。他說：

『喜怒哀樂，愛隱感念，慍懆怨憤，恐悸慮歎，飲食男女，鬱悠戚咨，慘舒好惡之情，胥成性則然，是故謂之道。』（原善中，二）

他又說：

『凡血氣之屬，皆知懷生畏死，因而趨利避害，雖明暗不同，不出乎懷生畏死者同也。人之異於禽獸者不在是。……………人則能擴充其知，至於神明，仁義禮智無不全也，仁義禮智非他，心之明之所止也；知之極其量也。……孟子言，今人乍見孺子將入於井，皆有怵惕惻隱之心。然則所謂惻隱，所謂仁者，非心知之外，別如有物焉，藏於心也。已知懷生而畏死，故怵惕於孺子之危，惻隱於孺子之死。使無懷生畏死之心，又焉有怵惕惻隱之心？推之羞惡，辭讓，是非，亦然。使飲食男女與夫感於物而動者，脫然無之，以歸於靜，歸於一，又焉有羞惡，有辭讓，有是非？此可以明仁義禮智非他，不過懷生畏死，飲食男女，與夫感於物而動之者皆不可脫然無之，以歸於靜，歸於一，而恃人之心知異於禽獸，能不惑乎所行，卽爲懿德耳。古賢聖所謂仁義禮智，不求於所謂欲之外，不離乎血氣心知。』（疏證二十一）

他這樣公然承認血氣心知之性卽是性，更不須懸想一個理來『湊泊附著以爲性。』人與禽獸同有這血氣心知，——『禽獸知母而不知父，限於知覺也；然愛其生之者，及愛其所生，與雌雄牝牡之相愛，同類之不相噬，習處之不相齧，進乎懷生畏死矣。』——但人能擴充心知之明，能『不惑乎所行，』能由自然回到必然，所以有仁義禮智種種懿德。

戴氏也主張性是善的，但他說性善不必用理氣二元論作根據。他說：

『耳能辨天下之聲，目能辨天下之色，鼻能辨天下之臭，口能辨天下之味，心能通天下之理義人之才質得於天，若是其全也！孟子曰，「非天之降才爾殊」；曰，「乃若其情，則可以爲善矣。乃所謂善也。若夫爲不善，非才之罪也。」唯據才質爲言，始確然可以斷人之性善。』（原善中，四）

這是他的性善說的根據。孟子的話本來很明白；我們看荀子極力辨『能不能』與『可不可』的分別，更可以明白當日論性善的人必曾注重那『可以知之質，可以能之具』。戴氏論性善也只是指出人所同有的那些『可以知之質，可以能之具』。他又指出孟荀的不同之點是：

『荀子之重學也，無于內而取於外；孟子之重學也，有於內而資於外。夫資於飲食能爲身之營衞血氣者，所資以養者之氣，與其身本受之氣，原於天地，非二也。故所

資雖在外，能化爲血氣以益其內。未有內無本受之氣，與外相得，而徒資焉者也。問學之於德性，亦然。』（疏證二六）

戴氏之說頗似萊卜尼玆（Leibnitz）；他並不否認經驗學問是從外來的，但他同時又主張人的才質『有於內』，所以能『資於外。』

程子朱子的理氣二元論說『性止是搭附在氣稟上，既是氣稟不好，便和那性壞了。』（此朱子語）朱子又說：

『人生而靜以上，是人物未生時，止可謂之理，未可名爲性，所謂在天曰命也。才說性時，便是人生以後，此理已墮在形氣中，不全是性之全體矣，所謂在人曰性也。』

戴氏駁他說：

『據樂記，「人生而靜」與「感於物而動」對言之，謂方其未感，非謂人物未生也。中庸「天命之謂性」，謂氣稟之不齊，各限於生初，非以理爲在天在人異其名也。』

(疏證二七)

『人之得於天也，一本。既曰血氣心知之性，又曰天之性，何也？本陰陽五行以爲血氣心知，方其未感，湛然無失，是謂天之性，非有殊於血氣心知也。』(原善上，五)

對於氣質壞性一層，他的駁論最痛快：

『彼荀子見學之不可以已，非本無，何待於學？而程子朱子亦見學之不可以已，其本有者，何以又待於學？故謂爲氣質所汚壞，以便於言本有者之轉而如本無也！於是性之名移而加之理，而氣化生人生物適以病性。性譬水之淸，因地而汚濁。不過從老莊釋氏所謂「眞宰」「眞空」者之受形以後昏昧於欲，而改變其說。特彼以眞宰眞空爲我，形體爲非我；此仍以氣質爲我，難言性爲非我，則惟歸之天與我，而後可謂之我有；亦惟歸之天與我，而後可爲完全自足之物，斷之爲善；惟使之截然別於我，而後雖天與我完全自足，可以咎我之壞之，而待學以復之。以水之淸喻性，以受汚而濁喩性墮於形氣中汚壞，以澄之而清喩學：水靜則能清；老莊釋氏之主於無欲，主於靜寂是也。因改變其說爲主敬，爲存理，依然釋氏教人認本來面目，教人常惺惺之法。若夫古賢聖之由博學審問，愼思，明辨，篤行以擴而充之者，豈徒澄清已哉？』（疏證二七）

這是他的哲學史觀的一部分。程朱終是從道家禪家出來的，故雖也談格物致知，而終不能拋棄主敬；他們所謂主敬，又往往偏重靜坐存理，殊不知格物是要去格的，致知是要去致的，豈是靜坐的人幹得的事業？戴氏認清宋儒的根本錯誤在於分性爲理氣二元，一面仇視氣質形體，一面誤認理性爲『天與我完全自足』的東西，所以他們講學問只是要澄清氣質的汚染而恢復那『天與我完全自足』的理性，所以朱子論教育的功用是『明善而復其初。』宋儒重理性而排斥氣質，故要『澄而清之』；戴氏認氣血心知爲性，才質有於內而須取資於外，故要『由博學，審問，愼思，明辨，篤行以擴而充之。』這是戴學與理學大不相同的一點。

戴氏論性善，以才質爲根據，他下的「才」的定義是：

> 『才者，人與百物各如其性以爲形質，而知能遂區以別焉，孟子所謂「天之降才」是也。氣化生人生物，據其限於所分而言，謂之命；據其爲人物之本始而言，謂之性；據其體質而言，謂之才。由成性各殊，故才質亦殊。才質者，性之所呈也。舍才質，安覩所謂性哉？』（疏證二九）

他說才是性的表現；有什麼性，便呈現什麼才質；譬如桃杏之性具於核中之白，但不可見，等到萌芽甲坼生根長葉之時，桃仁只生桃而不生杏，杏仁只生杏而不生桃，這就是性之呈現，就是才。『才之美惡，於性無所增，亦無所損。』（同上）這種說法，又是一種一元論，又和宋儒的二元論衝突了。程子說：

> 『性無不善；而有不善者，才也。性卽理。……才禀於氣，氣有淸濁，禀其淸者爲

賢，稟其濁者爲愚。』

朱子說程子這話比孟子說的更精密。戴氏說這是分性與才爲二本，又是二元論來了。他說：

『孟子道性善。成是性斯爲是才，性善則才亦美。……人之初生，不食則死，人之幼稚，不學則愚。食以養其生，充之使長；學以養其良，充之至於賢人聖人。其故一也。才雖美，譬之良玉，……剁之蝕之，委棄不惜，久且傷壞無色，可寶減乎其前矣。又譬之人物之生，皆不病也。其後百病交侵，……而曰天與以多病之體，不可也。……因於失養，不可以是言人之才也。』（疏證三一）

他用病作譬喻說『人物之生，皆不病也』這話是禁不起近世科學的證明的。分性與才爲二本，是錯的；戴氏說有是性便有是才，是不錯的。但『性善則才亦美』一句話也只有相對的眞實，而不可解作『凡性皆善，故才皆美。』宋儒說善由於性而惡由於氣質，自然是不對的。但戴氏認血氣心知爲性，而又要說凡性皆善，那也是不能成立的。人物固有生而病的，才質也有生而不能辨聲辨色的，也有生而不能知識思想的。所以我們只可說，戴氏的氣質一元的性論確是一種重要的貢獻，但他終不肯拋棄那因襲的性善論，所以不免有漏洞了。

戴氏說『唯據才質爲言，始確然可以斷人之性善。』其實，據才質爲言，至多也只可以說人『可以』爲善。我們試列舉戴氏書中專論性善的話如下：

『性者，飛潛動植之通名。性善者，論人之性也。……專言乎血氣之倫，不獨氣類各殊，而知覺亦殊。人以有禮義異於禽獸，實人之知覺大遠乎物，則然。此孟子所謂性善。』（疏證二七）

『知覺運動者，人物之生；知覺運動之所以異者，人物之殊其性。……性者，血氣心知本乎陰陽五行，人物莫不區以別焉，是也。而理義者，人之心知有思輒通，能不惑乎所行也。……………人之心知，於人倫日用，隨在而知惻隱，知羞惡，知恭敬辭讓，知是非，端緒可舉，此之謂性善』（疏證二一）

這兩條的意義都很明顯。他說的是性善，而舉的證據只是人的智慧遠勝於禽獸。故戴氏說人性善只是對於禽獸而言；只是說『人之知覺大遠乎物』。這本是極平常的科學知識，不幸被那些因襲的玄學名詞遮蓋了，掛着『性善論』的招牌，反不容易懂得了。

所以我們應該丟開『性善』的套語，再來看戴氏的性論。他說：

『人生而後有欲，有情，有知。三者，血氣心知之自然也。給於欲者，聲色臭味也；而因有愛畏。發乎情者，喜怒哀樂也；而因有慘舒。辨於知者，美醜是非也；而因有好惡。聲色臭味之欲，資以養其生。喜怒哀樂之情，感而接於物。美醜是非之知，極而通於天地鬼神。……是皆成性然也。有是身，故有聲色臭味之欲；有是身，而君臣父子夫婦昆弟朋友之倫具，故有喜怒哀樂之情。惟有欲有情而又有知，然後欲得遂也，情得達也。天下之事，使欲之得遂，情之得達，斯已矣。惟人之知，小之能盡美醜之極致，大之能盡是非之極致；然後遂己之欲者，廣之能遂人之欲；達己之情者，廣之能達人之情。道德之盛，使人之欲無不遂，人之情無不達，斯已矣。』（三十）

他把情，欲，知，三者一律平等看待，都看作『血氣心知之自然。』這是對於那些排斥情欲，主靜，主無欲的道學先生們的抗議。他在那三者之中，又特別提出知識，特別讚美他『小之能盡美醜之極致，大之能盡是非之極致。』因爲有知，欲才得遂，情才得達。又因爲有知，人才能推己及人，才有道德可說。理想的道德是『使人之欲無不遂，人之情無不達。』這是他的性論，他的心理學，也就是他的人生哲學。

戴氏是當日『反理學』的運動中的一員健將，故他論「道」，極力避免宋明理學家的玄談。他說：

『語道於天地，舉其實體實事而道自見。……語道於人，人倫日用，咸道之實事。』（疏證三二）

他論人道，只是一種行爲論。 他說：

『道者，居處，飲食，言動，自身而周於身之所親，無不該焉也。』（疏證三三）

人道重在一個「脩」字，因爲

『人之心知有明闇。 當其明，則不失；當其闇，則有差謬之失。……此所謂道，不可不脩者也。』（三三）

他說：

『人道本於性，而性原於天道。……易言天道而下及人物，不徒曰「成之者性」，而先曰「繼之者善」。……善，其必然也。 性，其自然也。 歸於必然，適完其自然。 此之謂自然之極致。』（三二）

他又說：

『古賢聖之所謂道，人倫日用而已矣。於是而求其無失，則仁義禮之名因之而生。非仁義禮有加於道也。於人倫日用行之無失，如是之謂仁，如是之謂義，如是之謂禮而已矣。』

行之無失，就是修其自然，歸於必然。

他在這裏又對於宋儒的二元論下一種總攻擊：

『宋儒合仁義禮而統謂之理，視之如有物焉，得於天而具於心，因以此爲形而上，爲沖漠無朕；以人倫日用爲形而下，爲萬象紛羅；蓋由老莊釋氏之舍人倫日用而別有所貴道，遂轉之以言夫理。在天地則以陰陽不得謂之道，在人物則以氣稟不得謂之性，以人倫日用之事不得謂之道。六經孔孟之言，無與之合者也。』（三三）

從這裏我們可以回到戴氏在哲學史上的最大貢獻他的「理」論。戴氏論性卽是氣質之性，與顏元同他論『道猶行也，』與李塨同；不過他說的比他們更精密，發揮的比他們更明白，組織的也比他們更有條理，更成系統。戴氏說「理，」也不是他個人的創獲。李塨和程廷祚都是說理卽是文理，條理。惠棟在他的易微言裏，也有理字一條，引據了許多古書，想比較歸納出一個定義出來。惠棟自己得着的結論卻是很奇特的，他說：

『理字之義，兼兩之謂也。』

『兼兩』就是成雙成對的。陰陽，剛柔，仁義，短長，大小，方圓，……都是兼兩。這個結論雖是可笑，然而惠棟舉的許多例證，卻可以幫助李塨程廷祚的理字解。例如他最贊歎的三條都出於韓非子：

（一）凡物之有形者，易裁也，易割也。何以論之？有形則有短長，有短長則有小大，有小大則有方圓，有方圓則有堅脆，有堅脆則有輕重，有輕重則有白黑。（許多

「則」字不通。) 短長，大小，方圓，堅脆，輕重，白黑之謂理。 理定而物易割也。

(二) 道者，萬物之所然也，萬理之所稽也。 理者，成物之文也。……萬物各異理，而道盡稽萬物之理。……

(三) 凡理者，方圓，長短，麤靡，堅脆之分也。 故理定而後物可得道也。

惠棟從這裏得着『兼兩』的妙義，然而別人卻從此更可以明白理字的古義是條理，文理，分理。

戴震說理字最好：

『理者，察之而幾微必區以別之名也。 是故謂之分理。 在物之質曰肌理，曰腠理，曰文理。 得其分，則有條而不紊，謂之條理。 孟子稱孔子之謂集大成曰，「始條理者，智之事也；終條理者，聖之事也。」 聖智至孔子而極其盛，不過舉條理以言之而已矣。……中庸曰，「文理密察，足有別也。」 樂記曰，「樂者，通倫理者也。」 鄭康成注云，「理，分也。」 許叔重說文解字序曰，「知分理之可相別異也。」 古人所

謂理，未有如後儒之所謂理者矣。』（疏證一）

戴氏這個定義，與李塨程廷祚的理字解大旨相同。他們都說理是事物的條理分理；但顏李一派的學者還不曾充分了解這個新定義的涵義。這個新定義到了戴氏的手裏，方才一面成爲破壞理學的武器，一面又成爲一種新哲學系統的基礎。

宋儒之學，以天理爲根本觀念。大程子說，『吾學雖有所傳授，天理二字却是自家體會出來。』程子以下，一班哲學家把理看作『不生不滅』，看作『如有物焉，得於天而具於心。』（朱子說，『理在人心，是謂之性。心是神明之舍，爲一身之主宰。性便是許多道理，得之天而具於心者。』）於是這個人靜坐冥想出來的，也自命爲天理；那個人讀書傳會出來的，也自命爲天理。因此宋明的道學又稱爲理學。理學的運動，在歷史上有兩個方面，第一是好的方面。學者提倡理性，以爲人人可以體會天理，理附著於人性之中；雖貧富貴賤不同，而同爲有理性的人，卽是平等。這種學說深入人心之後，不知不覺地使個人的價值抬高，使個人覺得只要有理可說，富貴利祿都不足羨慕，威武刑戮都不足畏懼。理旣是不生不滅的，暫時的失敗和壓制終不能永遠把天理埋沒了，天理終有大白於天下的一日。我們試看這八百年的政治史，便知道這八百年裏的智識階級對政府的奮鬭，無一次不是掮着「理」字的大旗來和政府的威權作戰。北宋的元祐黨禁（1102），南宋的慶元黨禁（1196），明初成祖的殺戮學者（1402），明代學者和宦官或權相的奮鬭，直到明末的東林黨案（1624－1627），無一次沒有理學家在裏面做運動的中堅，無一次不是政府的權威大戰勝，卻也無一次不是理學家得最後的勝利。生前竄逐的，死後不但追封賜謚，還常常請進孔廟裏去陪吃冷猪肉咧。生前廷杖打死的，死後不但追封賜謚，還往往封廕及於三代，專祠徧於國中咧。明末理學家呂坤說的最好：

『天地間唯理與勢最尊，理又尊之尊也。廟堂之上言理，則天子不得以勢相奪。卽相奪，而理則常伸於天下萬世。』（語錄，焦循理說引）

我們試想程子朱子是曾被禁錮的，方孝孺是滅族的，王陽明是廷杖後貶逐的，高攀龍是自殺的，——就可以知道理學家在爭自由的奮鬬史上佔的重要地位了。在這一方面，我們不能不頌贊理學運動的光榮。

第二是壞的方面。理學家把他們冥想出來的臆說認爲天理而強人服從。他們一面說存天理，一面又說去人欲。他們認人的情欲爲仇敵，所以定下許多不近人情的禮教，用理來殺人吃人。譬如一個人說『餓死事極小，失節事極大，』這分明是一個人的私見，然而八百年來竟成爲天理，竟害死了無數無數的婦人女子。又如一個人說『天下無不是的父母，』這又分明是一個人的偏見，然而八百年來竟成爲天理，遂使無數無數的兒子媳婦負屈含寃，無處伸訴。八百年來，『理學先生』一個名詞竟成了不近人情的別名。理與勢戰時，理還可以得人的同情；而理與勢攜手時，勢力借理之名，行私利之實，理就成了勢力的護身符，那些負屈含寃的幼者弱者就無處伸訴了。八百年來，一個理字遂漸漸成了父母壓兒子，公婆壓媳婦，男子壓女子，君主壓百姓的唯一武器；漸漸造成了一個不人道，不近人情，沒有生氣的中國。

戴震生於滿清全盛之時，親見雍正朝許多慘酷的大獄，常見皇帝長篇大論地用「理」來責人；受責的人雖有理，而無處可伸訴，只好屈伏受死，死時還要說死的有理。我們試讀大義覺迷錄，處處可以看見雍正帝和那『彌天重犯』曾靜高談『春秋大義。』一邊是皇帝，一面是『彌天重犯』：這二人之間如何有理可說？如何有講理的餘地？然而皇帝偏不肯把他拖出去剮了；偏要和他講理，講春秋大義，講天人感應之理！有時候，實在沒有理可講了，皇帝便說，『來！把山西巡撫奏報慶雲的摺子給他看看。』『來！把通政使留保奏報的慶雲圖給他看看。』『來！把雲貴總督鄂爾泰進獻的嘉穀圖發給他，叫他看看稻穀每穗有四五百粒至七百粒之多的，粟米有每穗長至二尺有奇的！』這都是天人感應之理。至於荊襄岳常等府連年的水災，那就是因為『有你這樣狂背逆亂之人，伏藏匿處其間，秉幽險乖戾之氣，致陰陽愆伏之干；以肆擾天常爲心，以滅棄人理爲志，自然江水泛漲，示儆一方。災禍之來，實因你一人所致，你知道麼？有何說處？』那位彌天重犯連忙叩頭供道，『一人狂背，皆足致災，此則非精通天人之故者不能知。彌天重犯聞之，豁然如大寐初醒。雖朝聞夕死，亦實幸矣。』（大義覺迷錄卷三，頁一至二）這樣的講理，未免把理字太輕薄了。戴震親見理學之末流竟致如此，所以他的反動最激烈，他的抗議最悲憤。

戴震說：

『六經孔孟之言以及傳記羣籍，理字不多見。今雖至愚之人，悖戾恣睢，其處斷一事，責詰一人，莫不輒曰「理」者，自宋以來，始相習成俗，則以理爲如有物焉，得於天而具於心，因以心之意見當之也。於是負其氣，挾其勢位，加以口給者，理伸；力弱氣慴，口不能道辭者，理屈。嗚呼，其孰謂以此制事，以此制人之非理哉？……昔人知在己之意見不可以理名，而今人輕言之。夫以理爲如有物焉，得於天而具於心，未有

不以意見當之者也。』（疏證五）

他又說：

『嗚呼，今之人其亦弗思矣！　聖人之道，使天下無不達之情，求遂其欲，而天下治。後儒不知情之至於纖微無憾是謂理；而其所謂理者，同於酷吏之所謂法。　酷吏以法殺人，後儒以理殺人，浸浸乎舍法而論理，死矣！　更無可救矣！』（與某書）

這是何等悲憤的呼喊！

宋儒都不能完全脫離禪宗『明心見性』的觀念；陸王一派認心卽是理，固不消說；程朱一派雖說『吾心之明莫不有知而天下之物莫不有理，』然而他們主張理卽是性，得之天而具於吾心，這和陸王的主張有何差異？　至多我們只能說陸王一派說理是純粹的主觀的；程朱一派知道理在事物，同時又深信理在人心。　程朱的格物說所以不能澈底，也正因爲他們對於理字不曾有澈底的了解。　他們常說『卽物而窮其理，』然而他們同時又主張靜坐省察那喜怒哀樂未發之前的氣象。於是久而久之，那卽物窮理的也就都變成內觀返視了。——戴震認淸了理在事物，只是事物的條理關係；至於心的方面他只承認一個可以知識思想的官能。他說：

『思者，心之官能也。凡血氣之屬皆有精爽；其心之精爽，鉅細不同。如火光之照物，光小者其照也近。所照者，不謬也。所不照，斯疑謬承之。不謬之謂得理。其光大者，其照也遠，得理多而失理少。且不特遠近也，光之及又有明闇，故於物有察有不察。察者，盡其實。不察，斯疑謬承之。疑謬之謂失理。失理者，限於質之昧，所謂愚也。惟學可以增益其不足而進於智。…………故理義非他，所照所察者之不謬也。…………理義豈別若一物，求之所照所察之外？而人之精爽能進於神明，豈求諸氣稟之外哉？』（疏證六）

他又說：

『耳目口鼻之官，臣道也；心之官，君道也。臣效其能而君正其可否。理義非他，可否之而當，是謂理義。然又非心出一意以可否之也。若心出一意以可否之，何異強制之乎？是故就事物言，非事物之外別有理義也。有物必有則，以其則正其物，如是而已矣。就人心言，非別有理以予之而具於心也。心之神明，於事物咸足以知其不易之則，譬有光皆能照，而中理者乃其光盛，其照不謬也。』（八）

他認定心不是理，不過是一種思想判斷的官能。這個官能是『凡血氣之屬』都有的，只有鉅細的區別，並不專屬於人類。心不是理，也不是理具於心。理在於事物，而心可以得理。心觀察事物，尋出事物的通則（疏證三說，『以秉持爲經常曰則，』）疑謬便是失理，不謬之謂得理。心判斷事物（『可否』就是判斷，）並不是『心出一意以可否之』；只是尋求事物的通則，『以其則正其物。』

至於怎樣尋求事物的通則，戴震卻有兩種說法：一種是關於人事的理，一種是關於事物的理。前者是從儒家經典裏出來的；後來很少依據，可算是戴氏自己的貢獻。

先說關於人事的理。戴氏說：

『理者，情之不爽失者也。未有情不得而理得者也。凡有所施於人，反躬而靜思之：人以此施於我，能受之乎？凡有所責於人，反躬而靜思之：人以此責於我，能盡之乎？以我絜之人，則理明。天理云者，言乎自然之分理也。自然之分理，以我之情，絜人之情，而無不得其平，是也。』（疏證一）

『在己與人，皆謂之情。無過情，無不及情之謂理。』（三）

『惟以情絜情故其於事也非心出一意見以處之。苟舍情求理，其所謂理無非意見也。未有任其意見而不禍斯民者。』（五）

這是用論語的「恕」字和大學的「絜矩之道」來解釋理字。他又引孟子『心之所同然者，謂理也，義也』的話，而加以解釋道：

『心之所同然，始謂之理，謂之義；則未至於同然，存乎其人之意見，非理也，非義也。凡一人以爲然，天下萬世皆曰是不可易也，此之謂同然。……分之各有其不易之則，名曰理。如斯而宜，名曰義。是故明理者，明其區分也。精義者，精其裁斷也。……人莫患乎蔽而自智，任其意見，執之爲理義。吾懼求理義者以意見當之；孰知民受其禍之所終極也哉？』（四）

關於人事的理，他只主張『以情絜情』。這是儒書裏鈎出來的求理說所謂『恕』，所謂『一貫』，所謂『絜矩之道』，都是這個。他假定『一人之欲，天下人之同欲也』（疏證二），故可以『以我之情絜人之情而無不得其平』。但那個假定的前提是不很靠得住的。『一人之欲』而自信爲『天下人之同欲』，那仍是認自己的意見爲天理，正是戴氏所要推翻的見解。所以『以情絜情』的話，雖然好聽，卻有語病；『心之所同然』的話比較更穩當些。要求心之所同然，使不可執著個人所欲，硬認爲天下人之同欲；必須就事上求其

『不易之則。』這就超過『以情絜情』的套話了。戴氏著孟子字義疏證，自託於說經，故往往受經文的束縛把他自己的精義反蒙蔽了。他自己的主張實在是：

『人倫日用，聖人以通天下之情，遂天下之欲，權之而分理不爽，是謂理。』（疏證四十）

『心之明之所止，於事情區以別焉，無幾微爽失，則理義以名。』（原善中，四）

這是用心的靈明，去審察事情，使他無幾微爽失；這豈是『以情絜情』的話包括得盡的嗎？其實戴氏說理，無論是人情物理，都只是要人用心之明，去審察辨別，尋求事物的條理。他說：

『事物之理，必就事物剖析至微，而後理得。』（疏證四一）

段玉裁給他做年譜，曾引他的話道：

『總須體會孟子「條理」二字，務要得其條理，由合而分，由分而合，則無不可為。』（年譜頁四五）

他又與段玉裁書說：

『古人曰理解者，卽尋其腠理而析之也。』（年譜頁三四）

這三條須參互合看。他說『剖析，』說『分，』說『析，』都是我們今日所謂『分析。』他說的『合』便是我們所謂『綜合。』不分析，不能得那些幾微的區別；不綜合，不能貫通那些碎細的事實而組成條理與意義。

戴氏這樣說理，最可以代表那個時代的科學精神。宋儒雖說『卽物而窮其理，』但他們終不曾說出怎樣下手的方法。直到陳第顧炎武以後，方才有一種實證的求知的方法。戴氏是眞能運用這種方法的人，故他能指出分析與綜合二方面，給我們一個下手的方法。他又說：

『天地人物事爲，不聞無可言之理者也。詩曰，「有物有則，」是也。……實體實事罔非自然而歸於必然，天地人物事爲之理得矣。夫天地之大，人物之蕃，事爲之委曲條分，苟得其理矣，如直者之中懸，平者之中水，圓者之中規，方者之中矩。然後推諸天下萬世而準。……中庸稱「考諸三王而不謬，建諸天地而不悖，質諸鬼神而無疑，百世以俟聖人而不惑」。夫如是，是爲得理，是爲心之所同然。……舉凡天地人物事爲，求其必然不可易，理至明顯也。從而尊大之不徒曰「天地人物事爲之理，」而轉其語曰「理無不在，」視之如有物焉，將使學者皓首茫然求其物不得。』（三十）

這一段說的正是科學的目的。科學的目的正是『舉凡天地人物事爲，求其必然不可易。』宋儒雖然也說格物窮理，但他們根本錯在把理看作無所不在的一個，所以說『一本而萬殊。』他們雖說『萬殊，』而其實只妄想求那『一本』；所以程朱論格物雖說『今日格一事，明日格一事，』而其實只妄想那『一旦豁然貫通』時的『表裏精粗無不盡，而吾心之全體大用無不明。』戴氏卻不存此妄想；他只要人『就事物剖析至微，』『求其必

然不可易。』 他所謂『推諸天下萬世而準』只是科學家所謂『證實』(verification);正如他對姚鼐說的:

『尋求而獲,有十分之見,有未至十分之見。所謂十分之見,必徵之古而靡不條貫,合諸道而不留餘議;鉅細畢究,本末兼察。』(與姚姬傳書)

十分之見即是『心之所同然,』即是『推諸天下萬世而準。』 這是科學家所謂證實了的眞理。

戴氏是顧炎武閻若璩以來考證之學的嫡派傳人;他做學問的方法(他的名學)一面重在『必就事物剖析至微,』一面重在證實。就事物剖析至微而後得來的「理,」比較歸納出來的「則」只是一種假設的理(a hypothesis),不能說是證實的眞理。必須經過客觀的實證,必須能應用到同樣的境地裏而『靡不條貫,』方才可算是眞正的理。

戴氏有與王鳳喈書討論尚書堯典『光被四表』的光字,最可引來說明他的治學方法。

光字蔡沈訓爲「顯」似無可疑了；然而孔安國傳卻有『光，充也』之訓，孔潁達正義指出此訓是據爾雅釋言的。戴氏考郭本爾雅只有『桄頞，充也』之文；陸氏釋文曰『桄，孫作光，古黃反。』 桄字不見於六經，而說文有『桄，充也』之訓。孫愐唐韻讀爲『古曠反。』禮記樂記有『鐘聲鏗鏗以立號，號以立橫，橫以立武，』鄭注『橫，充也』；又孔子閒居篇有『橫於天下』之文，鄭注也訓爲充。釋文於樂記之橫字，讀爲『古曠反。』 戴氏因此推想禮記之兩個橫字即是爾雅和說文的桄字，他因此下一個大膽的假設道：

> 『堯典古本必有作「橫被四表」者。橫被，廣被也。 正如記所云，「橫於天下，」「橫於四海，」是也。 橫四表，格上下，對舉。 溥徧所及曰橫，貫通所至曰格。…………橫轉寫爲桄，脫誤爲光。 追原古初當讀「古曠反」……………』

此書作於乾隆乙亥（1755）；過了兩年（1757），錢大昕檢得後漢書馮異傳有『橫被四表，昭假上下』之語，是一證；姚鼐又檢得班固西都賦有『橫被六合』是二證。 七年之後

（1762），戴震的族弟受堂又檢得王莽傳有『昔唐堯橫被四表，』這更明顯了。受堂又舉王褒聖主得賢臣頌的『化溢四表，橫被無窮。』這是第三四證。洪榜案淮南原道訓『橫四維而含陰陽，』高誘注『橫讀桄車之桄，』這更可證明漢人橫字和桄字通用。這是第五證。段玉裁又舉李善注魏都賦引東京賦『惠風橫被，』今本東京賦誤改作『惠風廣被，』這是第六證。戴震假設堯典『光被』即是『桄被，』即是『橫被，』現在果然全證實了。這就是『徵之古而靡不條貫』。

戴震的心理學裏只有欲望，情緒，心知三大區分。（疏證三十，引見上）心知是一身的主宰，是求理的官能。但他的心理學裏沒有什麼『得於天而具於心』的理。這樣的主張又和宋儒以來的理欲二元論相衝突了。宋儒說：

『人欲云者，正天理之反耳。』（朱子答何叔京）

這樣絕對的二元論的結果便是極端的排斥人欲。他們以爲『去人欲』卽是『存天理』的唯一方法。這種排斥人欲的哲學在七八百年中逐漸造成了一個不近人情，冷酷殘忍的禮教。戴震是反抗這種排斥人欲的禮教的第一個人。他大聲疾呼地喊道：『酷吏以法殺人，後儒以理殺人，浸浸乎舍法而論理，死矣！更無可救矣！』（與某書，引見上）他很大膽地說，『理者，情之不爽失者也；』『情之至於纖微無憾是謂理。』這分明是說：

『理者，存乎欲者也。』（疏證十）

這和上文引的朱子『人欲云者，正天理之反』的話恰恰相反。戴氏最反對『無欲』之說，他以爲周敦頤朱熹一班人主張無欲的話都出於老莊釋氏，不是中庸上說的『雖愚必明』之道。他說：

『有生而愚者，雖無欲，亦愚也。凡出於欲，無非以生以養之事。欲之失爲私，不爲蔽。自以爲得理，而所執之實謬，（之字似當作者）乃蔽而不明。天下古今之人，其大患，私與蔽二端而已。私生於欲之失，蔽生於知之失。欲生於血氣，知生於心。因私而咎欲，因欲而咎血氣。因蔽而咎知，因知而咎心。（心字孔刻本誤脫，今依上文增。）老氏所以言常使民無知無欲。……後之釋氏，其論說似異而實同。宋儒出入於老釋，故雜乎老釋之言以爲言。』（疏證十）

宋儒常說『人欲所蔽，』故戴氏指出『欲之失爲私，不爲蔽。』他曾說：

『人之生也，莫病於無以遂其生。欲遂其生，亦遂人之生，仁也。欲遂其生，至於戕人之生而不顧者，不仁也。不仁實始於欲遂其生之心。使其無此欲，必無不仁矣。然使其無此欲，則於天下之人生道窮促，亦將漠然視之。己不必遂其生而遂人之生，無是情也。』（同）

戴氏的主張頗近於邊沁（Bentham）彌爾（J. S. Mill）一派的樂利主義（Utilitarianism）。樂利主義的目的是要謀『最大多數的最大幸福』。戴氏也主張：

『聖人治天下，體民之情，遂民之欲，而王道備。』(同)

『道德之盛，使人之欲無不遂，人之情無不達，斯已矣。』(三十)

他雖不明說『樂利，』但他的意義實很明顯。 他痛恨宋以來的儒者：

『舉凡饑寒愁怨，飲食男女，常情隱曲之感，則名之曰人欲；故終其身見欲之難制。其所謂存理，空有理之名，究不過絕情欲之感耳。 何以能絕？ 曰，主一無適。 此卽老氏之抱一無欲。 故周子以「一」爲學聖之要，且明之曰，「一者，無欲也。」』(四三)

他駁他們道：

『天下必無舍生養之道而得存者。 凡事爲皆有於欲。 無欲則無爲矣。 有欲而後有爲。 有爲而歸於至當不可易之謂理。 無欲無爲，又焉有理？』(同上)

他這樣擡高欲望的重要，在中國思想史上是很難得的。 他的結論是：

『老莊釋氏主於無欲無爲，故不言理。 聖人務在有欲有爲之咸得理。 是故君子

亦無私而已矣，不貴無欲。』（同上）

『聖賢之道無私而非無欲。老莊釋氏無欲而非無私。彼以無欲成其自私者也。此以無私通天下之情，遂天下之欲者也。』（疏證四十）

顏元李塨的學派提倡『正德，利用，厚生，』也是傾向於樂利主義的。戴氏注重『生養之道，』主張『無私而非無欲，』與顏李學派似有淵源的關係。

戴氏以爲『凡出於欲，無非以生以養之事。』排斥人欲，卽是排斥生養之道。理欲之辨的流弊必至於此。宋明的儒者詆毀王安石，鄙薄漢唐，都只爲他們瞧不起生養之事。

戴氏說：

『宋儒程子朱子易老莊釋氏之所私者而貴理，易彼之外形體者而咎氣質。其所謂理，依然如有物焉，宅於心。於是辨乎理欲之分，謂不出於理，則出於欲；不出於欲，則出於理。雖視人之饑寒號呼，男女哀怨，以至垂死冀生，無非「人欲」。空指一絕情欲之感者爲天理之本然，存之於心。及其應事，幸而偶中，非曲體事情，求如此以安之也。不幸而事情未明，執其意見，方自信天理非人欲，而小之一人受其禍，大之天下國家受其禍。徒以不出於欲，遂莫之或寤也。凡以爲理宅於心，不出於欲則出於理者，未有不以意見爲理而禍天下者也』(四十)

執意見以爲理，用來應付事情，不肯『曲體事情』而固執意見，結果可以流毒天下。不但在『應事』的方面如此；在責人的方面，理欲之辨的流弊也很大。戴氏說：

『今之治人者，視古賢聖體民之情，遂民之欲，多出於鄙細隱曲，不措諸意，不足爲怪。而及其責以理也，不難舉曠世之高節，著於義而罪之。尊者以理責卑，長者以理責幼，貴者以理責賤，雖失，謂之順。卑者幼者賤者以理爭之，雖得，謂之逆。於是下之人不能以天下之同情，天下所同欲，達之於上。上以理責其下，而在下之罪，人人不勝指數。人死於法，猶有憐之者。死於理，其誰憐之！嗚呼，雜乎老釋之言以爲

言，其禍甚於申韓如是也！六經孔孟之書，豈嘗以理爲如有物焉，外乎人之性之發爲情欲者，而強制之也哉？』（十）

這一段眞沉痛。宋明以來的理學先生們往往用理責人，而不知道他們所謂『理』往往只是幾千年因襲下來的成見與習慣。這些成見與習慣大都是特殊階級（君主，父母，舅姑，男子等等）的保障；講起『理』來，卑者幼者賤者實在沒有開口的權利。『回嘴』就是罪！理無所不在；故背理的人竟無所逃於天地之間。所以戴震說『死矣！無可救矣！』『死於法猶有憐之者。死於理，其誰憐之！』乾嘉時代的學者稍稍脫離宋儒的勢力，頗能對於那些不近人情的禮教，提出具體的抗議。吳敬梓，袁枚，汪中，俞正燮，李汝珍（小說鏡花緣的著者）等，都可算是當日的人道主義者，都曾有批評禮教的文字。但他們只對於某一種制度下具體的批評；只有戴震能指出這種種不近人情的制度所以能殺人吃人，全因爲他們撑着『理』字的大旗來壓迫人，全因爲禮教的護法諸神——理學先生們——

擡出理字來排斥一切以生以養之道，『雖視人之饑寒號呼，男女哀怨，以至垂死冀生，無非人欲！』

戴氏總論理欲之辨凡有三大害處。第一，責備賢者太苛刻了，使天下無好人，使君子無完行。他說：

『以無欲然後君子，而小人之爲小人也依然行其貪邪，猶執此以爲君子者謂不出於理則出於欲，不出於欲則出於理。（此四十六字孔刻本在下文三十三字之下，文理遂不可讀。今細審原文上下文理，移此四十六字於此。）於是讒說誣辭反得刻議君子而罪之。此理欲之辨使君子無完行者，爲禍如是也！』（四三）

第二，養成剛愎自用殘忍慘酷的風氣。他說：

『不寤意見多偏之不可以理名，而持之必堅；意見所非，則謂其人「自絕於理」。此理欲之辨適成忍而殘殺之具，爲禍又如是也！』（四三）

第三，重理而斥欲，輕重失當，使人不得不變成詐僞。他說：

『今旣截然分理欲爲二，治己以不出於欲爲理。舉凡民之饑寒愁怨，飲食男女，常情隱曲之感，咸視爲人欲之甚輕者矣。輕其所輕，乃吾重。「天理」也，「公義」也，言雖美，而用之治人則禍其人。……古之言理也，就人之情欲求之，使之無疵之爲理。今之言理也，離人之情欲求之，使之忍而不顧之爲理。此理欲之辨適以窮天下之人盡轉移爲欺僞之人，爲禍何可勝言也哉！』（四三）

這三大害之中，第三項也許用得着幾句引申的註語。譬如愛生而怕死，乃是人的眞情；然而理學先生偏說『餓死事極小，失節事極大』。他們又造出貞節牌坊一類的東西來鼓動婦女的虛榮心。於是節婦坊，貞女祠的底下就埋葬了無數的『饑寒愁怨，飮食男女，常情隱曲』的歎聲。甚至於寡婦不能忍饑寒寂寞之苦的，或不能忍公婆虐待之苦的，也只好犧牲生命，博一個身後的烈婦的虛榮。甚至於女兒未嫁而夫死了的，也羨慕那虛榮而殉烈，或守貞不嫁，以博那『貞女』『烈女』的牌坊。這就是戴氏說的『今之言理也，離人之情欲求之，使之忍而不顧，…………適以窮天下之人盡轉移爲欺僞之人。』

戴氏的人生觀，總括一句話，只是要人用科學家求知求理的態度與方法來應付人生問題。他的宇宙觀是氣化流行，生生不已；他的人生觀也是動的，變遷的。他指出人事不能常有『千古不易之重輕。』他指出『有時權之而重者，於是乎輕；輕者於是乎重。』這叫做『變』。他說：

『變則非智之盡能辨察而準，不足以知之。』『古今不乏嚴氣正性疾惡如讎之人，是其所是非其所非，執顯然共見之重輕，實不知有時權之而重者於是乎輕，輕者於是乎重。其是非輕重一誤，天下受其禍而不可救。豈人欲蔽之也哉？自信之理非理也。』（四十）

這種『辨察是非輕重而準』的作用叫做『權。』

『孟子曰，「執中無權，猶執一也。」 權，所以別輕重。 謂心之明至於辨察事情而準，故曰權。 學至是，一以貫之矣。 意見之偏除矣。』（四二）

最可注意的是戴氏用『權』來釋論語的『一貫。』 論語兩次說『一以貫之；』朱子的解說孔子對曾子說一貫的一章道：

『聖人之心，渾然一理，而泛應曲當，用各不同。 曾子於其用處蓋已隨事精察而力行之，但未知其體之一耳。』

戴震最反對朱子說的『渾然一理』『其體之一』的話。 他自己解釋『一以貫之』道：

『一以貫之，非言以「一」貫之也。………聞見不可不廣，而務在能明於心。 一事豁然使無餘蘊，更一事而亦如是；久之心知之明進於聖智，雖未學之事，豈足以窮其智哉？………致其心之明，自能權度事情，無幾微差失。 又焉用知「一」求「一」

哉？』（四一）

這一段最可注意。一貫還是從求知入手。求知並不僅是『多學而識之』只是修養那心知之明，使他格外精進。一貫並不是認得那『渾然一理』，只是養成一個『泛應曲當』『權度事情無幾微爽失』的心知。這個心知到了聖智的地步，『取之左右逢其源』『自無弗貫通』了。

戴氏不肯空談知行合一。他很明白地主張『重行須先重知。』他說：

『凡異說皆主於無欲，不求無蔽；重行，不先重知。』（四十）

『聖人之言無非使人求其至當以見之行。求其至當，卽先務於知也。凡去私不求去蔽，重行不先重知，非聖學也。』（四二）

『聖賢之學由博學審問愼思明辨而後篤行，則行者行其人倫日用之不蔽者也。』（四十）

從知識學問入手，每事必求其『豁然使無餘蘊』逐漸養成一個『能審察事情而準』的智慧，然後一切行爲自能『不惑於所行。』這是戴震的『一以貫之。』

三　戴學的反響

清朝的二百七十年中，只有學問，而沒有哲學；只有學者，而沒有哲學家。其間只有顏李和戴震可算是有建設新哲學的野心。顏李自是近世的一大學派，用實用主義作基礎，對於因襲的宋明理學作有力的革命。但程朱的尊嚴不是容易打倒的。顏元大聲疾呼地主張『程朱之道不息，孔子之道不著。』但這種革命的喊聲只夠給顏李學派招來許多毀謗與壓迫，竟使一個空前的學派幾乎沉埋不顯。（說詳第一章）程朱的哲學有兩個方面：『涵養須用敬，進學則在致知。』主敬的方面是容易推翻的。但致知窮理的方面是程朱的特別立腳點；陸王罵他們『支離，』顏李罵他們『無用，』都不能動搖他們。顧炎武以下的大師雖然攻擊宋明以來的先天象數之學，雖然攻擊那空虛的心學，始終不敢公然否認程朱所提倡的格物致知的學說。他們的經學和史學也都默認爲與窮理致知，『下學上達』的學說是並行不悖的。故惠士奇（1671–1741）爲漢學大師，而自書楹聯云：『六經尊服鄭，百行法程朱。』（江藩宋學淵源記引論中引）

打倒程朱，只有一條路，就是從窮理致知的路上，超過程朱，用窮理致知的結果來反攻窮理致知的程朱。戴震用的就是這個法子。戴氏說程朱

『詳於論敬而略於論學。』（疏證十四）

這九個字的控訴是向來沒有人敢提起的。也只有清朝學問極盛的時代可以產生這樣大膽的控訴。陸王嫌程朱論學太多，而戴氏卻嫌他們論學太略！程朱說窮理；戴氏指出

他們的根本錯誤有兩點：一是說理得於天而具於心，一是說理一而分殊。他主張理在於事情，不在於心中；人的心知只是一種能知的工具，可以訓練成『能審察事情而準』的知慧。他又主張理是多元的，只是事物的條理，並沒有什麼『渾然一體而散爲萬事』的天理。窮理正是程朱說的『今日格一物，明日又格一物』『今日窮一理，明日又窮一理』；但這種工夫並不是『明善以復其初』並不是妄想那『一旦豁然貫通』的大澈大悟。格物窮理的目的只是戴氏自己說的

『一事豁然使無餘蘊，更一事而亦如是；久之心知之明進於聖智，雖未學之事，豈足以窮其智哉？』（疏證四二）

所謂『致知，』只是『致其心之明，自能權度事情，無幾微差失。』（同上）這眞是清朝學術全盛時代的哲學。這才是用窮理致知的學說來反攻程朱。至於戴氏論性，論道，論情，論欲，也都是用格物窮理的方法，根據古訓作護符，根據經驗作底子，所以能摧破五六百年

推崇的舊說，而建立他的新理學。戴震的哲學，從歷史上看來，可說是宋明理學的根本革命，也可以說是新理學的建設——哲學的中興。

但是一百三十年的樸學的風氣，養成了『擘績補苴』的學風，學者只能吃桑葉而不能吐絲；有時吐絲，也只能作繭而不能織成錦繡文章。全個智識階級都像剝奪了『哲學化』的能力，戴上了近視眼鏡，不但不敢組織系統的哲學，並且不認得系統的哲學了。當戴震死時（1777），北京的同志做輓聯道：

孟子之功，不在禹下。明德之後，必有達人。（年譜，頁四一）

然而戴震的門下，傳經學的有人，傳音韻學的有人，傳古制度學的有人；只是傳他的哲學的，竟沒有人。他的弟子之中，最能賞識他的哲學的，要算洪榜。洪榜作戴震的行狀，敍述他的哲學最能得他的要旨。他把戴氏的答彭進士允初書（凡五千字，中含孟子字義疏證的一部分的要旨）全錄在這篇行狀裏。當時朱筠便主張刪去此篇，他說，『可不必載；戴氏可傳者不在此。』洪榜作書與朱筠，極力辨論他所以表章戴氏之意。當時的行狀初本裏總算把這篇長書保留住了。（此據段作年譜頁三四）但後來戴震的兒子中立終於刪去此書。（此據江藩漢學師承記卷六洪榜傳）朱筠是當時最能賞識戴震的一個人，竟不能了解他的哲學思想的重要；甚至於他自己的兒子也附和着朱筠的意見。這也可見『解人』眞難得了。

我們現在可以摘抄洪榜給朱筠的信，以表現戴氏初死時他的哲學引起的反動。洪榜先總括朱筠所以主張刪去答彭進士書大概有三層理由：（一）謂程朱大賢，立身制行卓絕，不當攻擊；（二）謂經生貴有家法，漢學自漢，宋學自宋，今既詳度數，精訓故，不當復涉及性命之旨，反述所短，以揜所長；（三）儒生是學得成的，聖賢是學不成的；今說戴氏『聞道知德』，恐有溢美之辭。洪榜駁第一層道：

『閣下謂程朱大賢，立身制行卓絕。豈獨程朱大賢，立身制行卓絕？陸王亦大賢，立身制行卓絕;卽老釋亦大賢,立身制行卓絕也。唯其如是,使後儒小生閉口不敢道;寧疑周孔,不敢疑程朱;而其才智少過人者,則又附援程朱,以入老釋。彼老釋者,幸漢唐之儒抵而排之矣。今論者乃謂先儒所抵排者,特老釋之粗;而其精者,雖周孔之微旨,不是過也。誠使老釋之精者雖周孔不是過,則何以生於其心,發於其事,謬戾如彼哉?况周孔之書具在,苟得其解,皆不可以強通。使程朱而聞後學者之言如此,知必急急正之也。』

他駁第二層道:

『至謂治經之士宜有家法;……………心性之說,賈馬服鄭所不詳,今爲賈馬服鄭之學者亦不得詳。……………今學者束髮受書,言理,言道,言心,言性,所謂理道心性之云,則習六經孔孟之辭;而其所以爲理道心性之說者,往往雜乎老釋之旨。使其說之果是,則將從而發明之矣。如其說之果非,則治經者固不可以默而已也。彼賈馬服鄭當時蓋無是弊。如使賈馬服鄭生於是時，則亦不可以默而已也。』

又駁第三層道：

『至於「聞道」之名不可輕以許人，猶聖賢之不可學而至。…………夫聖賢不可至，…………雖然，安可以自棄乎哉？…………夫戴氏論性道，莫備於其論孟子之書而其所以名其書者，曰孟子字義疏證。然則非言性命之旨也，訓故而已矣，度數而已矣。要之，戴氏之學，其有功於六經孔孟之言甚大。使後之學者無馳心於高妙而明察於人倫庶物之間，必自戴氏始也。』（全書引見江藩漢學師承記卷六洪榜傳，又轉載於耆獻類徵卷147，頁17–19）。

洪榜這封長書給戴氏辨護很有力；他確是能了解戴學的一個人。只可惜他活到三十五歲（17/9）就死了，竟不能發揮光大戴氏的哲學。

洪榜書中末段說戴氏自名其書爲『孟子字義疏證，』可見那不是『言性命，』還只是談『訓故，度數。』這確是戴震的一片苦心。戴氏作此書，初名爲『緒言』，大有老實不客氣要建立一種新哲學之意。至乾隆丙辰（1776），此書仍名緒言。是年之冬至次年（1777）之春，他修改此書，改名孟子字義疏證。那年他就死了。（此段故事，段玉裁答程易田丈書考證最詳，我全依據此書。）大概他知道程朱的權威不可輕犯，不得已而如此做。這是他『戴着紅頂子講革命』的苦心。不料當日擁護程朱的人的反對仍舊是免不了的。

他的同鄉朋友程晉芳（1718—1784）作正學論，其中有一篇前半痛罵顏元與李塨，後半專罵戴震。他說：

『近代一二儒家（指戴氏），又以爲程朱之學，禪學也。人之爲人，情而已矣。聖人之教人也，順乎情而已。宋儒尊性而卑情，卽二氏之術；其理愈高，其論愈嚴，而其不近人情愈甚；雖日攻二氏，而實則身陷其中而不覺。嗟乎，爲斯說者，徒以便己之私，而不知其大禍仁義又在釋老上矣！ 夫所謂「情」者，何也？ 使喜怒哀樂發皆中節，則依然情之本乎性者也。 如吾情有不得已者，順之，勿抑之，則嗜慾橫決非始於情之不得已乎？ 匡張孔馬迫於時勢而詭隨，馬融蔡邕迫於威力而喪節，亦可以不得已諒之乎？』 （勉行堂文集正學論三）

這正是戴震要排斥的謬論。 戴震明明承認人有情，有欲，有知；他何嘗說『人之爲人情而已矣？』 程氏又主張，雖有『不得已』的情，也應當抑制下去。 這正是戴氏說的『雖視人之饑寒號呼，男女哀怨，以至垂死冀生，無非人欲。』 這正是近世社會所以這樣冷酷殘忍的原因。 戴氏對這種不近人情的道學提出大聲的抗議，這正是他的特色。 程晉芳卻在這裏給那不近人情的道學作辯護，直認『迫於不得已的喪節』究竟是不應該寬恕原諒的！ 這是不打自招的供狀；這那裏算得駁論？ （程晉芳曾說，詆毀宋儒就是獲罪於天；怪不得他不懂得戴震。）

戴震曾說天下有義理之源，有考覈之源，有文章之源。他晚年又說，『義理即考覈文章二者之源也。』（年譜，頁四二）這話也有道理。凡治古書，固須考覈；但考覈的人必須先具有淵博的見解，作為參考比較的材料，然後可以了解古書的義理。參考的材料越多，發現的義理也越多。譬如甲乙丙同入山林，甲為地質學者，乙為植物學者；那麼，甲自然會發現許多地質學的材料，而乙自然會發現許多植物學的材料。丙為無學問的遊人，在這山林裏只好東張西望，毫無所得。故說義理是考覈與文章之源，實在是戴震治古學有經驗的話。王安石說的最好：

『世之不見全經，久矣。讀經而已，則不足以知經。故某自百家諸子之書，至於難經，素問，本草，諸小說，無所不讀；農夫女工，無所不問，然後於經為能知其大體而無疑。』（臨川全集，答曾子固書）

『無所不讀，』『無所不問，』卽是收集參考材料的法子。義理多了，再加上考覈之功，然後可以有滿意的成績。戴氏自民間來，幼時走過好幾省，知道人情世故；他又肯多讀書；他的參考資料最多，所以他做考覈的學問，成績也最大。所以他說『義理者，考覈文章之源也。』

他的大弟子段玉裁便不很懂得這個道理了。段玉裁重刻戴東原集，作序云：

『玉裁竊以謂義理文章，未有不由考覈而得者。自古聖人制作之大，皆精審乎天地民物之理，得其情實，綜其始終，舉其綱以俟其目，與以利而防其弊，故能奠安萬世。……先生之治經，凡故訓，音聲，算數，天文，地理，制度，名物，人事之是非善惡，以及陰陽氣化，道德性命，莫不究乎其實。蓋由考覈以通乎性與天道。既通乎性與天道矣，而考覈益精，文章益盛；用則施政利民，舍則垂世立教而無弊。淺者乃求先生於一名一物，一字一句之間，惑矣。……』

戴震明說義理爲考覈文章之源，段玉裁既親聞這話，卻又以爲考覈是義理文章之源，這可見得一解人眞非容易的事。　戴氏所以能超出當日無數『襞績補苴』的考覈家而自成一個哲學家，正因爲他承受了淸初大師掊擊理學的風氣；正因爲他不甘學萬斯同的『予惟窮經而已』的規避態度而情願學顏元『程朱之道不息孔子之道不著』的攻擊態度。

段玉裁雖然終身佩服戴氏，但他是究竟崇拜程朱的人；他七十五歲（1809）作朱子小學恭跋（經韻樓集卷八，13–15頁），自恨『所讀之書又喜言訓故攷核，尋其枝葉，略其本根，老大無成，追悔已晚；』又說朱子此書『集舊聞，覺來裔，……二千年賢聖之可法者，胥於是乎在。』　怪不得他不能了解戴震的哲學了。

戴震同時有一位章學誠（1738–1801），是一個很有見解的人，他頗能了解戴氏的思想。他說：

『凡戴君所學，深通訓詁，究於名物制度而得其所以然，將以明道也。時人方貴博雅考訂，見其訓詁名物有合時好，以爲戴之絕詣在此。及戴著論性原善諸篇，於天人理氣，實有發先人所未發，時人則謂空說義理，可以無作。是固不知戴學者矣。』

（朱陸篇書後）

章學誠最佩服他的老師朱筠；但這段話卻正是爲朱筠等人而發的。章氏也是崇拜朱子的，故他雖能賞識戴氏原善論性諸篇，卻不贊成他攻擊朱子。他說戴學本出於朱學，不當『飲水而忘源』。他作朱陸篇說明這一個意思：

『……今人有薄朱氏之學者，卽朱氏之數傳而後起者也。其與朱氏爲難，學百倍於陸王之末流，思更深於朱門之從學；充其所極，朱子不免先賢之畏後生矣。』

這一段贊揚戴震最平允。他說朱學的傳授也很有理：

『朱子求「一貫」於「多學而識」，寓約禮於博文：其事繁而密，其功實而難。……』

……沿其學者，一傳而爲勉齋（黃榦）九峯（蔡沈），再傳而爲西山（眞德秀）鶴山（魏了翁）東發（黃震）厚齋（王應麟），三傳而爲仁山（金履祥）白雲（許謙），四傳而爲潛溪（宋濂）義烏（王禕），五傳而爲寧人（顧炎武）百詩（閻若璩），則皆服古通經，學求其是，而非專己守殘空言性命之流也。……生乎今世，因聞寧人百詩之風，上溯古今作述，有以心知其意——此卽通經服古之緒又嗣其音矣。無如其人慧過於識，而氣蕩乎志，反爲朱子詬病焉，則亦忘其所自矣。』

章氏說戴學出於朱學，這話很可成立。但出於朱學的人難道就永遠不可以攻擊朱學了嗎？這又可見章學誠被衞道的成見迷了心知之明了。他又說：

『夫實學求是，與空談性天不同科也。考古易差，解經易失，如天象之難以一端盡也。曆象之學，後人必勝前人，勢使然也。因後人之密而貶羲和，不知卽羲和之遺法也。今承朱氏數傳之後，所見出於前人，不知卽是前人之遺緒，是以後曆而貶羲和也。』

這也是似是而實非的論調。新曆之密可以替代舊曆之疏，我們自然應該採用新曆。但是，假使義和的權威足以阻止新曆的採用與施行，那就非先打倒義和，新曆永無採用的希望了。顏李之攻程朱，戴學之攻朱學，只因爲程朱的權威太大，舊信仰不倒，新信仰不能成立。我們但當論攻的是與不是，不當說凡出於朱的必不應攻朱。

同時還有一位學者翁方綱（1733-1818），他對於戴震的考訂之學表示熱烈的崇拜，但對於他的哲學卻仍是盲目的反對。翁方綱是一個詩人，又是一個書法大家；但他無形中受了時代潮流的影響，對於金石文字很做了一點考訂的工夫，成績也不算壞。他作了九篇考訂論，頗能承認顧棟高，惠棟，江永，戴震，金榜，段玉裁諸人的成績。有一次，戴震與錢載（字籜石，是當時的一個詩人）爭論，錢載排斥考訂之學，罵戴震破碎大道，——這件事也可見當時對考據訓詁之學的反動，——翁方綱作書與程晉芳，爲錢戴兩人調解，書中說：

『萚石謂東原破碎大道；萚石蓋不知考訂之學，此不能折服東原也。詁訓名物，豈可目爲破碎？學者正宜細究考訂詁訓，然後能講義理也。宋儒恃其義理明白，遂輕忽爾雅說文，不幾漸流於空談耶？……今日錢戴二君之爭辨，雖詞皆過激，究必以東原說爲正也。……』（復初齋文集七，20）

這話幾乎是偏向戴學的人說的了。然而他雖然說『考訂詁訓然後能講義理』，他卻只許戴震講考訂，而不許他講義理。這種不自覺的矛盾最可以考見當時的學者承認考訂之學本非出於誠意，只是盲從一時的風尙。當他們替考訂學辯護時，他們也會說考訂是爲求義理的。及至戴震大膽進一步高談義理，他們便嚇壞了。翁方綱有理說一篇，題爲『駁戴震作』，開端就說：

『近日休寧戴震一生畢力於名物象數之學，博且勤矣，實亦考訂之一端耳。乃其人不甘以考訂爲事，而欲談性道以立異於程朱。』

這就是戴震的罪狀了！ 考訂只可以考訂爲目的，而不可談義理：這是當時一般學者的公共心理。 只有戴震敢打破這個迷信，只有章學誠能賞識他這種舉動。 朱筠翁方綱等都只是受了成見的束縛，不能了解考訂之學的重大使命。

翁方綱駁戴震說『理』字，也很淺薄。 他說戴震：

『言理力詆宋儒，以謂理者密察條析之謂，非性道統挈之謂。 反目朱子「性卽理也」之訓，謂入於釋老眞宰眞空之說。……其反覆駁詰牽繞諸語，不必與剖說也。 惟其中最顯者，引經二處，請略申之。

『一引易曰，「易簡而天下之理得矣天下之理得而成位乎其中矣。」 試問繫辭傳此二語非卽性道統挈之理字乎？……

『再則又引樂記「天理滅矣。」 此句「天理」對下「人欲，」則天理則上所云「天之性也」正是「性卽理也」之義。而戴震轉援此二文，以謂皆密察條析之理，非性卽理之理，……可謂妄矣。

『夫理者，徹上徹下之謂，性道統挈之理，卽密察條析之理，無二義也。……假如專以在事在物之條析名曰理，而性道統挈處無此理之名，則易繫辭傳樂記二文先不可通矣。吾故曰，戴震文理未通也。……』（復初齋文集七，19）

戴震引繫辭傳在疏證第一條，引樂記在第二條，讀者可以參看。他釋『天下之理』爲『天下事情，條分縷晰』；他釋『天理』爲『天然之分理』，引莊子『依乎天理』爲證。這種解說本可以成立。翁氏習慣了『渾然一體而散爲萬事』的理字解，故絕對不能承認戴震的新解說。

這班人的根本毛病，在於不能承認考訂學的結果有修正宋儒傳統的理學的任務。若考訂之學不能修正義理的舊說，那又何必要考訂呢？翁方綱的九篇考訂論篇篇皆歸到『考訂之學以衷於義理爲主』一句話。（文集七，6–18）他說：

『學者束髮受書，則誦讀朱子四書章句集註；迨其後用時文取科第，又厭薄故常思騁其智力，於是以考訂爲易於見長。其初亦第知擴充聞見，非有意與幼時所肄相左也。既乃漸騖漸遠而不知所歸，其與遊子日事漂蕩而不顧父母妻子者何異？考訂本極正之通途，而無如由之者之自敗也。則不衷於義理之弊而已矣。』（七，7）

這樣看來，『義理』原來只是章句集註裏的義理；不合這種義理，便等於遊子不顧父母妻子。怪不得翁方綱一流人決不會了解戴震的哲學了。

同時還有一位姚鼐，是一個古文家；曾從戴震受學，稱他爲『夫子』，戴震不受，說，『僕與足下無妨交相師』。後來姚鼐竟變成一個排擊考據學的人。他主張：

『天下學問之事，有義理，文章，考據三者之分，異趨而同爲不可廢。……凡執其所

能爲而呲其所不爲者，皆陋也。必兼收之，乃足爲善。』（復秦小峴書）

『大抵近世論學，喜抑宋而揚漢。吾大不以爲然。正由自奈何不下腹中數卷書耳。吾亦非謂宋賢言之盡是，但擇善而從，當自有道耳。』（惜抱尺牘，小萬柳堂本三，3）

這些話還算平易。但姚鼐實在是一個崇信宋儒的人，故不滿意於戴學。他說：

『宋之時，眞儒乃得聖人之旨，羣經略有定說；元明因之，著爲功令。當明佚君亂政屢作，士大夫維持綱紀，明守節義，使明久而後亡，其宋儒論學之效哉！』（贈錢獻之序）

反對宋學的人，如費密顏元等，都說明朝亡於理學；然而姚鼐替理學辨護，却說宋學之效能『使明久而後亡。』這都是主觀的論斷，兩面都像可以成立，便是兩面都不能成立。姚鼐晚年最喜歡提倡宋儒的理學，如他說：

『士最陋者，所謂時文而已，固不足道也。其略能讀書者，又相率不讀宋儒之書；故考索雖或廣博，而心胸嘗（常？）不免猥鄙，行事嘗（常？）不免乖謬。願閣下訓士，雖

博學强識固所貴焉，而要必以程朱之學爲歸宿之地。』（尺牘五，7）

他在1808年還有『內觀此心，終無了當處，眞是枉活八十年也』之歎。（尺牘六，28）所以他晚年又常學佛，並且吃齋，自稱『其間頗有見處』。（尺牘五，20；參看七，3）這樣的人怪不得要攻擊戴學了。他常有不滿意於戴震的話，如說：

『戴東原言考證豈不佳，而欲言義理以奪洛閩之席，可謂愚妄不自量之甚矣！』（尺牘六，22）

他不去考量戴氏講的『義理』究竟是怎樣的，卻先武斷戴氏不配講義理，這豈不是『愚妄』嗎？他又說：

『宋程朱出，實於古人精深之旨所得爲多；而其審求文辭往復之情，亦更爲曲當。……

……而其生平修己立德，又實足以踐行其所言，而爲後世之所嚮慕。……今世學者乃思一切矯之，以專宗漢學爲至，以攻駁程朱爲能；倡於一二專己好名之人，而

相率而效者因大爲學術之害。……………博聞強識，以助宋君子之所遺，則可也；以將跨越宋君子，則不可也。』（復蔣松如書）

爲什麼不可跨越宋儒呢？姚鼐的答案眞妙：

『儒者生程朱之後，得程朱而明孔孟之旨。程朱猶吾父師也。程朱言或有失，……正之，可也。正之而詆毀之，訕笑之，是詆訕父師也。且其人生平不能爲程朱之行，而其意乃欲與程朱爭名，安得不爲天之所惡？故毛大可，李剛主，程綿莊，戴東原，率皆身滅嗣絕。此殆未可以爲偶然也。』（再復簡齋書）

程晉芳說詆毀宋儒的要得罪於天；姚鼐說詆毀程朱的要『爲天之所惡，身滅嗣絕。』可怕呵！程朱的權威眞可怕呵！

然而這種衞道的喊聲卻也可以使我們懸想當時程朱的權威大概眞有點動搖了。

反對的聲浪便是注意的表示。顏李攻擊程朱，程朱的門下可以不睬他們。如今他們不能不睬戴震的攻擊了。程晉芳，章學誠，姚鼐出來衞道，便可見正宗的理學有動搖的危險，有不能不抵禦的情勢了。章學誠的說話更可以表示戴學的聲勢的浩大。他說：

『攻陸王者出僞陸王，其學猥陋，不足爲陸王病也。貶朱者之卽出朱學，其力深沉，……世有好學而無眞識者，鮮不從風而靡矣。……故趨其風者，未有不以攻朱爲能事也。非有惡於朱也，懼其不類於是人卽不得爲通人也。』（朱陸篇）

他又說：

『至今徽歙之間，自命通經服古之流，不駁朱子，卽不得爲通人。而誹聖誹賢，毫無顧忌，流風大可懼也。』（朱陸篇書後）

章氏作書後時，自言『戴君下世今十餘年』。十餘年的時間，已有『流風大可懼』的警言，可見戴學在當日的聲勢了。

方東樹在十九世紀初期作漢學商兌（見下文，）曾說：

『……後來戴氏等日益寖熾；其聰明博辨既足以自恣，而聲華氣燄又足以聳動一世。於是遂欲移程朱而代其統矣。一時如吳中，徽歙，金壇，揚州數十餘家，益相煽和，則皆其衍法之導師傳法之沙彌也。』（漢學商兌，朱刻本下，28）

這話可與章學誠的話互相證明。戴震死於1777，漢學商兌作於1826。這五十年中，戴學確有浩大的聲勢。但那些『衍法的導師，傳法的沙彌』之中，能傳受戴震的治學方法的，確也不少；然而眞能傳得戴氏的哲學思想的，卻實在不多，——幾乎可說是沒有一個人。大家仍舊埋頭做那『襞績補苴』的細碎功夫，不能繼續做那哲學中興的大事業。雖然不信仰程朱理學的人漸漸多了，然而戴震的新理學是還沒有傳人。

戴震死後六年（1783），他的同鄉學者凌廷堪（字次仲，歙縣人，1755-1809）到北京。凌廷堪也是一個奇士；他生於貧家，學商業，到二十多歲才讀書做學問。1781年，他在揚州已知道他的同鄉江永戴震的學術了；他到了北京，方才從翁方綱處得着戴氏遺書；過了幾年，他又從戴震的學友程瑤田處得知戴氏做學問的始末。從此以後，他就是戴學的信徒了。

他曾作一篇戴東原先生事略狀，敍述戴氏的學問，最有條理；戴震的許多傳狀之中，除了洪榜做的行狀，便要算這一篇最有精采了。他說：

「自宋以來，儒者多剽竊釋氏之言之精者，以說吾聖人之遺經。其所謂學，不求之於經，而但求之於理；不求之於故訓典章制度，而但求之於心。好古之士雖欲矯其非，然僅取漢人傳注之一名一物而輾轉考證之，則又煩細而不能至於道。於是乎有漢儒經學，宋儒經學之分：一主於故訓，一主於義理。先生（戴震）則謂義理不可舍經而空憑胸臆，必求之於古經。求之古經而遺文垂絕，今古懸隔，然後求之故訓。故訓明則古經明，古經明則賢人聖人之義理明，而我心之所同然者乃因之而明。

義理非他，存乎典章制度者也。……義理不存乎典章制度，勢必流入於異學曲說而不自知。（以上一段是刪節戴震的題惠定宇先生授經圖） 故其爲學，先求之於古六書九數，繼乃求之於典章制度；以古人之義釋古人之書，不以己見參之，不以後世之意度之；既通其辭，始求其心，然後古聖賢之心不爲異學曲說所汩亂。 蓋孟荀以還所未有也。』（事略狀）

他這樣稱頌戴震，又自稱『自附於私淑之末，』所以我們可以叫他做戴學的信徒。 他在事略狀的末段又說：

『昔河間獻王實事求是。 夫實事在前，吾所謂是者，人不能強辭而非之；吾所謂非者，人不能強辭而是之也。 如六書九數及典章制度之學，是也。 虛理在前，吾所謂是者，人既可別持一說以爲非；吾所謂非者，人亦可別持一說以爲是也。 如義理之學，是也。 故於先生（戴震）之實學，詮列如右。 而義理固先生晚年極精之詣，非造其境者，亦無由知其是非也。其書具在，俟後人之定論云爾。』

看這一段，可知凌廷堪也不很能賞識戴震的哲學。但他在這裏雖然這樣說，他卻也不肯輕視戴學的哲學方面；他承認這是戴氏晚年極精的造詣。凌廷堪一生的大著作是他的禮經釋例，創始於1787，成於1808，卽他病死的前一年。他專治儀禮，用二十二年的工夫來做成這部最有條理的書。這是他的『實學』；同時他的實學也就不能不影響他的『義理』之學——他的哲學。他的哲學是從戴學出來的，受了戴震論性和理欲的影響，而終歸到他最專治的禮，所以成爲他的『復禮論』。

凌廷堪有復禮三篇，阮元（次仲凌君傳，揅經室二集四，29）稱爲『唐宋以來儒者所未有。』『復禮』二字，見於論語『克己復禮』一章。馬融訓『克己』爲『約身』；宋儒始解己字爲私欲；清儒毛奇齡，李塨，戴震都不贊成私欲之訓。阮元凌廷堪等推衍毛戴之說，說的更完備。

凌廷堪列舉論語用『己』字的話十餘條，證明論語中沒有把『己』字作私欲解的。他說：

『克己卽修身也。故「修己以敬」「修己以安人」「修己以安百姓」直云修，不云克。中庸云，「非理不動，所以修身。」動實兼視聽言三者；與論語顏淵請問其目正相合，辭意尤明顯也。』（引見阮元揅經室一集八，9—10）

『克己復禮』卽是『非禮勿動』等事，卽是用禮來約身修身。淩廷堪的復禮三篇卽是擴充這個意思，用禮來籠罩一切。復禮下說：

『聖人之道，至平且易也。論語記孔子之言備矣，但恆言禮，未嘗一言及理也。……

……彼釋氏者流，言心言性，極於幽深微眇，適成其爲賢知之過。聖人之道不如是也。其所以節心者，禮焉爾，不遠尋夫天地之先也。其所以節性者，亦禮焉爾，不侈談夫理氣之辨也。是故冠昏飲射有事可循也，揖讓升降有儀可按也，籩豆鼎俎有物可稽也。使天下之人少而習焉，長而安焉；其秀者有所憑而入於善，頑者有所檢束而不敢爲惡；上者陶淑而底於成，下者亦漸漬而可以勉而至。聖人之道所以萬世不易者此也。聖人之道所以別於異端者，亦此也。

『後儒熟聞夫釋氏之言心言性極其幽深微眇也，往往怖之，愧聖人之道，以爲弗如；於是竊取其理氣之說而小變之，以鑿聖人之遺言，曰，「吾聖人固已有此幽深微眇之一境也！」復從而闢之，曰，「彼之以心爲性，不如我之以理爲性也！」嗚呼，以是爲尊聖人之道，而不知適所以小聖人也！以是爲闢異端，而不知陰入於異端也！誠如是也，吾聖人之於彼教，僅如彼教「性」「相」之不同而已矣。（佛家宗有性相之分，如三論宗是性宗，瑜伽宗是相宗。性與相之別，卽個性與共相之別。凌氏此言，他自己雖不以爲然，其實很有意思。禪宗是「性宗」的極端，他的精神和方法都是個性的，主觀的。妙悟頓覺，全靠自得自證。北宋的理學拈出一個「理」字，便是針對那純粹個人的禪宗下一種醫藥。理是共相，認識雖由於個人，而可有客觀的印證。故在哲學史上，禪學之於理學，確是「性相之不同」；正如陸王之於程朱，也是「性相之不同，」又正如宋學之於清學，也還是一種「性相之不同」也。） 烏足大異於彼教哉？……

『顏淵大賢，具體而微，其問仁與孔子告之為仁者，唯禮焉爾。 仁不能舍禮但求諸理也。……蓋求諸理必至於師心，求諸禮乃可以復性也。……』

我們看這一篇，可以看出戴震攻擊理學的影響；不過戴氏打倒『理』之後，要用一個能辨察事情分別是非的智慧來替他，而凌氏則想撇開那『遠尋夫天地之先，侈談夫理氣之辨』的理學，而回到那節心節性的禮：這一點是他們兩人的思想的基本區別。

但凌氏不是一個『煩細』的學者；他是一個能綜合貫通的思想家，能夠組成一種自成系統的『禮的哲學』。 他說：

『夫性具於生初，而情則緣性而有者也。 性本至中，而情則不能無過不及之偏。非禮以節之，則何以復其性焉？ 父子當親也，君臣當義也，夫婦當別也，長幼當序也，朋友當信也：五者根於性者也，所謂人倫也。 而其所以親之義之別之序之信之，則必由乎情以達焉者也。非禮以節之，則過者或溢於情，而不及者則漠然遇之。故曰，「喜怒哀樂之未發謂之中，發而皆中節謂之和。」其中節也，非自能中節也，必有禮以節之。故曰，「非禮何以復其性焉？」……』（復禮上）

這一篇須參看他的好惡說，方才可以明白他的話雖像老生常談，其實有點獨到之處。好惡說云：

『好惡者，先王制禮之大原也。人之性受於天。目能視則爲色，耳能聽則爲聲，口能食則爲味，而好惡實基於此。節其太過不及，則復於性矣。大學言好惡，中庸由之以喜怒哀樂。蓋好極則生喜，又極則爲樂；惡極則生怒，又極則爲哀。過則佚於情，反則失其性矣。先王制禮以節之，懼民之失其性也。然則性者，好惡二端而已矣。……

『人性初不外乎好惡也。……好惡生於聲色與味，爲先王制禮節性之大原。……

……蓋喜怒哀樂皆由好惡而生；好惡正，則協於天地之性矣。……』

此篇文甚長，大旨只是說『性者，好惡二端而已矣』。他詳引大學各節來證明誠意，正心，修身，齊家，治國，平天下，無一項不靠『好惡』二端。恰巧大學『誠其意』以下各節，每一節都提到『好惡』。他用這一個意思竟把一部大學說的很貫串了。（其言甚辯，看原文。）如云：

『好人之所惡，惡人之所好，是謂拂人之性，菑必及乎身。』大學「性」字只此一見，即好惡也。』

他說大學中庸雖不說『禮』，但都是『釋禮之書』，因爲這二書說好惡與喜怒哀樂，都是制禮的大原。所以復禮中說：

『蓋修身爲平天下之本，而禮又爲修身之本也。後儒置子思之言不問，乃別求所謂仁義道德者；於禮則視爲末務，而臨時以一「理」衡量之，則所言所行不失其中者鮮矣。』

他又有愼獨說，引禮器『君子愼其獨也』一段來和大學中庸說『君子愼其獨也』二段，證明愼獨只是『禮之內心精微，皆若有威儀臨乎其側；雖不見禮，如或見之，』而不是什麽『獨坐觀空』的心學。

這樣的說法，把宋儒加在大學中庸上面的那一層幽深微眇的朱漆描金都剝的乾乾淨淨，仍回到一種平易無奇的說法。這種『剝皮』方法固然是很痛快的，而且是很有歷史意味的；然而這種說法可以成爲一種很好的經說，而不能成爲一種很好的哲學。我們可以承認『性者，好惡二端而已，』但仍未必能承認『禮之外別無所謂學』的結論。凌廷堪因爲人的好惡有太過有不及，所以要用禮來籠罩一切，要使

『天下無一人不囿於禮，無一事不依於禮，循循焉日以復其性而不自知也。』（復禮上）

這是不可能的事。古代的『禮儀三百，威儀三千』如今都到那裏去了？古代所謂禮，乃是貴族社會的禮；古代生活簡單，貴族多閑暇，所以不妨行那繁瑣的禮儀，不妨每一飲酒而要賓主百拜。但後世封建制度推翻之後，那『閑暇』的階級不存在了，那繁瑣的禮儀便也不能存在了。春秋戰國之間，士大夫還斤斤爭論禮儀的小節，很像什麼了不得的大事，如檀弓記『曾子襲裘而弔，子游裼裘而弔』的一段可以爲證。漢室成立之後，屠狗殺猪的無賴可以封侯拜將，賣唱賣藝的伎女可以做皇后王妃，於是向來的貴族階級的繁瑣禮儀都被那班『酒酣拔劍砍柱』的新貴族們一齊丟開了。我們生當漢興二千年之後，還能妄想『天下無一人不囿於禮，無一事不依於禮』嗎？

況且，卽使我們承認人們用情太過或不及是一件不好的事，我們仍不能承認禮爲矯正這種過與不及的好工具，更不能承認古代的禮爲矯正的工具。我們不記得孔子遇舊館人之喪的故事嗎？他那時『遇於一哀而出涕』，難道還要忍住眼淚，先查查禮經，看是應該『拭淚』或『抆淚』嗎？過情與不及情，乃是人們的常情矯正的工具不在幾部古禮經，而在一個能隨時應變的智慧。禮運說的好：

『禮也者，義之實也。協諸義而協，則禮雖先王未之有，可以義起也。』

這是很平允的話。有了能隨時應變，因地制宜的智慧；人們自能制作應付新境地的方式，正不必拘守那久已不適用的古禮，也不必制定死板的新禮來拘束後人。戴震論『仁義禮智』一條，有云：

『就人倫日用，究其精微之極致，曰仁，曰義，曰禮；合三者以斷天下之事，如權衡之於輕重，於仁無憾，於禮義不愆，而道盡矣。』（疏證三六）

這是智的作用。戴震又說：

『禮者，至當不易之則。……凡意見少偏，德性未純，皆己與天下阻隔之端。能克己以還其至當不易之則，斯不隔於天下。……聖人之言，無非使人求其至當，

以見之行。求其至當，卽先務於知也。凡去私不求去蔽，重行不先重知，非聖學也。』（疏證四二）

這樣教人『先務於知』『求其至當以見之行』，這是眞正戴學。凌廷堪不懂得戴學『重知』之意，用禮來籠罩一切，所以很失了戴學的精神。如復禮中說：

『若舍禮而別求所謂道者，則杳渺而不可憑矣。……格物者，格此也。禮器一篇，皆格物之學也。若泛指天下之物，有終身不能盡識者矣。蓋必先習其器數儀節，然後知禮之原於性：所謂致知也。知其原於性，然後行之出於誠：所謂誠意也。……

……』

我們試舉這一段話來比較戴震說的『舉凡天地人物事爲，求其必然不可易』（疏證十四），便可以知道凌廷堪只是一個禮學專家，雖是戴學信徒，而決不能算作戴學傳人了。

與凌廷堪同時的有一位揚州學者焦循，（字里堂，江都縣人，生於 1763，死於 1820），也是一個稍能跳出樸學的圈子而做點有系統的思想的人。他著有易通釋，論語通釋，孟子正義，雕菰樓文集等書。他精通算學，在當日算得一位算學大家；他著有算學書多種。（看阮元作的傳）他的哲學思想散見於論語通釋，孟子正義，及文集之中。他生平最佩服戴震的孟子字義疏證；他的論語通釋即是仿那書做的。他自己說：

『循讀東原戴氏之書，最心服其孟子字義疏證。說者分別漢學宋學以義理歸之宋。宋之義理誠詳於漢；然訓故明，乃能識羲文周孔之義理。（此泛論周易，故如此說。）宋之義理仍當以孔之義理衡之。未容以宋之義理即定爲孔子之義理也。』（寄朱休承學士書）

他又說戴震

『生平所得，尤在孟子字義疏證一書；所以發明理道情性之訓，分析聖賢老釋之界，

他又說：

至精極妙。』（國史儒林文苑傳議）

『孟子字義疏證於理道天命性情之名，揭而明之如天日。』（論語通釋自序）

他曾作讀書三十二贊，其一贊孟子字義疏證云：

『性道之譚，如風如影。先生明之，如昏得朗；先生疏之，如示諸掌。人性相近，其善不爽。惟物則殊，知識罔罔。仁義中和，此來彼往。各持一「理」，道乃不廣。以理殺人，與聖學兩。』

我們看這些話，可以明白焦循受的戴學的影響了。

當時有上元戴衍善說戴震臨死時道：『生平讀書，絕不復記。到此方知義理之學可以養心。』這話本是一種誣衊的傳說，最無價值。但當時竟有人相信這話，所以焦循做申戴篇，替戴氏辨誣，說

『其所謂義理之學可以養心者，卽東原自得之義理，非講學家西銘太極之義理也。』

這種傳說本不足辨；但這也可見焦循不藐視「義理」。　他曾著辨學篇，說當日的學者治經著書約有五派：

『一曰通核，二曰據守，三曰校讎，四曰摭拾，五曰叢綴。』

他最恨的是據守，最崇拜的是通核。　他說通核一派是：

『通核者，主以全經，貫以百氏；協其文辭，揆以道理。　人之所蔽，獨得其間。　可以別是非，化拘滯；相授以意，各慊其衷。　其弊也，自師成見，亡其所宗；故遲鈍苦其不及，高明苦其太過焉。』

通核的反面是據守：

『據守者，信古最深，謂傳注之言堅確不易；不求於心，固守其說，一字句不敢議。　絕浮游之空論，衞古學之遺傳。其弊也，跼蹐狹隘，曲爲之原守古人之言，而失古人之心。』

焦循以通核自任，故阮元爲他作傳，稱爲『通儒。』通核之學在淸儒中很不多見；章學誠與崔述皆當得起通核二字，但皆沒有傳人。經學家之中，只有戴震一派可稱通核；如惠棟一派只能據守而已。戴學後進，以高郵王氏父子爲最能發揮通核的學風。焦循也屬於這一派。他有與王引之的一書（見汪廷儒廣陵思古編十）云：

『阮閣學（阮元）嘗爲循述石臞先生（王念孫）解「終風且暴」爲既風且暴，與「終窶且貧」之文法相爲融貫。說經若此，頓使數千年淤塞一旦決爲通渠。後又讀尊作釋詞，四通九達，迥非貌爲古學者可比。

『循嘗怪爲學之士自立一「考據」名目以時代言，則唐必勝宋，漢必勝唐；以先儒言，則賈孔必勝程朱，許鄭必勝賈孔。凡鄭許一言一字，皆奉爲圭璧，而不敢少加疑辭。竊謂此風日熾，非失之愚，卽失之僞；必使古人之語言皆佶屈聱牙而不可通，古人之制度皆委曲繁重而失其便。譬諸懦夫不能自立，奴於強有力之家，假其力以欺愚賤；究之其家之堂室牖戶未嘗窺而識也。若以深造之力，求通前儒之意；當其散也人無以握之及其既貫，遂爲一定之準；其意甚虛，其用極實；各獲所安而無所勉強：——此亦何「據」之有』

這裏竟是大罵那些『據守』的漢學家了。他在論語通釋（木犀軒叢書本）裏有『論據』一章，也是批評這據守一派的。他說：

『近之學者以「考據」名家，斷以漢學；唐宋以後，屏而棄之。其同一漢儒也，則以許叔重鄭康成爲斷。據其一說，而廢衆說。荀子所謂「持之有故，」持卽據之謂也。……必據鄭以屏其餘，與必別有所據以屏鄭，皆據也，皆非聖人一貫忠恕之旨也。……九流諸子各有所長。屏而外之，何如擇而取之？況其同爲說經之

言乎？…………』（第十四章，第一條）

清儒治學最重立言有據。據是根據地（論理學上所謂 Ground）。清儒所謂『據』，約有兩種：一是證據（Evidence），如顧炎武唐韻正所舉『本證』與『旁證』是也；一是依據（Authority）謂依附古人之說，據爲權威，如惠棟一流人之依據漢儒是也。依據很像焦循說的『奴於強有力之家，假其力以欺愚賤。』然證據乃是清學的絕大貢獻，必不可抹殺；抹殺證據便沒有清學了。但治學之人有時遇着困難，心知其意，而一時尋不着證據，難道遂不能立說了嗎？不然。治學之人不妨大膽提出假設，看他能不能解決困難，能不能貫串會通。若某一假設能『別是非，化拘滯』『各獲所安而無所勉強』，那麼這個假設便是可成立的假設；雖無所據，亦自可成立。焦循所謂『及其既貫，遂爲一定之準，……此亦何據之有？』正是指這一類。戴震著孟子字義疏證，焦循著易通釋，皆以貫通爲標準，不依傍古人。在那『襞績補苴』的漢學風氣之中，要想打破據守的陋氣，建立有系統條理的哲學思想，只有力求通核的一條路。焦循的思想雖不能比戴震，然而在這一點上，焦循可算是得着戴學的精神的了。

焦循論性，大致與戴震相同。他說：

『性善之說，儒者每以精深言之，非也。性無他，食色而已。』（性善解一）

『性何以善？能知，故善。同此男女飲食，嫁娶以爲夫婦，人知之，鳥獸不知之；耕鑿以濟飢渴，人知之，鳥獸不知之。鳥獸既不能自知，人又不能使之知，此鳥獸之性所以不善。……故孔子論性，以不移者屬之上知下愚；愚則仍有知，鳥獸直無知，非徒愚而已矣。世有伏羲，不能使鳥獸知有夫婦之別。雖有神農燧人，不能使鳥獸知有耕稼火化之利。……故論性善，徒持高妙之說，則不可定；第於男女飲食驗之，性善乃無疑耳。』（性善解三）

性善解凡五篇，其要義如此。食色卽是性；能知，故善：這都是和戴震相同的。

但這種相同是表面上的。焦循很佩服王陽明的哲學根本上便和戴震不能相容。他所以能贊同戴震的性說，正因爲戴氏論性，以食色爲性，與陽明學派最相近。但戴震論性，雖以食色知識爲起點，卻要人『由博學審問愼思明辨篤行，以擴而充之』『至於辨察事情而準』：這種純粹理智的態度是與『良知』之學根本不同的，也是焦循不能了解的了。

焦循的兒子廷琥作焦循的事略，曾說『府君於陽明之學闡發極精』（事略，頁十一）我們看他的良知論，可以知道他何以不能賞識戴震的理智態度的原故了。他說：

『紫陽之學所以敎天下之君子；陽明之學所以敎天下之小人。……行其所當然，復窮其所以然；誦習乎經史之文，講求乎性命之本，此惟一二讀書之士能之，未可執顓愚頑梗者而強之也。良知者，良心之謂也。雖愚不肖不能讀書之人，有以感發之，無不動者。……牧民者苟發其良心，不爲賊盜，不相爭訟，農安於耕，商安於販，而後一二讀書之士得盡其窮理格物之功。孔子曰「民可使由之，不可使知之」

子夏曰，「雖曰未學，吾必謂之學，」此之謂歟？』

焦循認普通人說的『良心』卽是良知，所以要用這條捷徑來治一般人，而把窮理格物之功讓給一二讀書之士。王陽明曾說，『與愚夫愚婦同的，是謂同德；與愚夫愚婦異的，是謂異端。』（傳習錄下，二六） 焦循也信仰愚夫愚婦的『良心』，故往往有反理智的表示，如主張貞女（貞女辨上下）及辯護割股（愚孝論），皆是其例。他論割股，有云：

『傳之故老，載諸簡編，皆剌剌稱其效之如響，奈何以其愚不一試之？且以是爲愚，必反是行其智矣。處人倫之中，可以智乎？……將欲使天下之人忘其親而用其智歟？』

這種地方眞可以見『良知』學說的大害。我們明白了這一層，方才可以了解焦循論『理』的學說。

焦循論『理』，也受了戴震的影響，故頗有貌似戴學的話，其實他們兩人是有根本不同的。

焦循說：

『九流之原，名家出於禮官，法家出於理官。……先王恐刑罰之不中，於罪辟之中求其輕重，析及毫芒，無有差謬，故謂理官。而所以治天下，則以禮不以理也。……今之訟者，彼告之，此訴之，各持一「理」，曉曉不已。若直論其是非，彼此必皆不服。說以名分，勸以遜順，置酒相揖，往往和解。可知理足以啟爭，而禮足以止爭也。』（理說）

在這一點上，焦氏未免誤解戴氏的用意了。戴氏說理是條理；焦氏用『求其輕重，析及毫芒，無有差謬』來解釋理官所以以『理』命名之意，這可算是給戴氏添了一個證據。但戴氏只反對那『得於天而具於心』的理，只反對人人把自己的意見認作理；他並不曾反對那『析及毫芒，無有差謬』的事物的條理。焦循用訴訟作譬喻，要人置酒和解，而不要論其是非，這是向來儒家『必也使無訟乎』的謬見，怕不是戴氏的原意罷？

他又有使無訟解一篇，說：

『……致知在格物。格物者，旁通情也。情與情相通，則自不爭。所以使無訟者，在此而已。聽訟者以法，法愈密而爭愈起，理愈明而訟愈煩。「吾猶人也，」謂理不足持也，法不足恃也，旁通以情此格物之要也。……天下之人皆能絜矩，皆能恕，尙何訟之有？……』

在這一點上，焦循遠不如崔述。崔述雖不是直接受戴震的影響的人，但他有爭論與訟論兩篇，很可以駁正焦循的誤解。爭論說：

『……兩爭者，必至之勢也。聖人知其然，故不責人之爭，而但論其曲直。曲則罪之，直則原之。故人競爲直，而莫肯爲曲。人皆不肯爲曲，則天下無爭矣。然則聖人之不禁爭，乃所以禁爭也。……以讓自勉，則可；以不讓責人，則斷不可。夫責人，則亦惟論其曲直而已矣。惜乎，世之君子未嘗久處閭閻，親歷險阻，而於人情多不諳也』

訟論說：

『自有生民以來，莫不有訟。　訟也者，事勢之所必趨，人情之所斷不能免者也。……
……今不察其曲直，而概不欲使訟；陵人者反無事，而陵於人者反見尤；……天下之事從此多，而天下之俗從此壞矣。　余幼時，見鄉人有爭則訟之縣。　三十年以來，不然；有所爭，皆聚黨持兵而刼之曰「寧使彼訟我，我無訟彼也」。　唯單丁懦戶力不能抗者，乃訟之官耳。　此無他，知官之惡訟，而訟者未必爲之理也。　民之好鬬，豈非欲無訟者使之然乎？……………聖人所謂「使無訟」者，乃曲者自知其曲而不敢與直者訟，非直者以訟爲恥而不肯與曲者訟也。』（以上兩篇均見崔述無聞集卷二）

這種見解和戴震的哲學頗一致；因爲戴震論求理，雖然也說『以情絜情』，但他的一貫的主張卻在『心之明之所止，於事情無幾微爽失。』（說詳見上文第二章）我們在前章曾指出『以情絜情』必須假定『一人之欲，天下人之同欲也；』這也近於認主觀的意見爲理。

我們曾指出這是戴氏偶爾因襲下來的說法，和他的根本主張頗有點不一致。焦循相信愚夫愚婦都有良知可以感動，所以他覺主張『不論其是非；』如果戴氏提倡一種新的哲學認理爲事物的條理，而他的效果僅使人『不論其是非，』這還算什麼哲學革命呢？『不譴是非，』豈不早已是莊子的主張嗎？所以焦循的誤解倒可以使我們格外明瞭戴氏的學說裏的因襲部分的缺點。我們讀戴氏的書，應該牢記他的『以情絜情』之說與他的基本主張不很相容；若誤認『以情絜情』爲他的根本主張，他的流弊必至於看輕那『求其輕重，析及毫芒，無有差謬』的求理方法，而別求『旁通以情』的世故方法。焦氏希望『天下之人皆能絜矩，皆能恕』——這是何等奢望？希望天下人皆能恕，與希望天下人皆能忍同一妄想。正因爲天下人未必人人能恕能忍，所以貴有『求其輕重，析及毫芒，無有差謬』的人；所以貴有『於事情無幾微差失』的聰明睿智。

戴震解『一以貫之』最有特識。『吾道一以貫之』他說，這是說『上達之道即下學之道也。』曾子用『忠恕』解『一貫』，戴震不很以為然，但他又不好明白駁曾子，只好說『蓋人能出於己者必忠，施於人者以恕，行事如此，雖有差失，亦少矣。凡未至乎聖人，未可語於仁，未能無憾於禮義，如其才質所及，心知所明，謂之忠恕可也。聖人仁且智，…………忠恕不足以明之，然而非有他也，忠恕至斯而極也。』（疏證下，四二）這幾句話處處都可見他不滿意於『忠恕』之解，處處都是勉強承認。到了孔子告子貢『予一以貫之』一章，戴震便毫不客氣了。他說，這是說『精於道則心之所通不假於紛然識其迹也。』『聞見不可不廣，而務在能明於心。一事豁然使無餘蘊，更一事而亦如是，久之，心知之明進於聖智，雖未學之事，豈足以窮其智哉？』『致其心之明，自能權度事情，無幾微差失。又焉用知「一」求「一」哉？』（同上）我們看這一章，可知戴震很不願用忠恕來解一貫；一貫只是使『心知之明盡乎聖智』，『自能權度事情無幾微差失。』這是戴氏的科學態度的產兒，可以算是代表清學最盛時代的治學精神的一貫說。

焦循有一以貫之解，更可以見他不能完全了解戴學的基本主張。　他的主旨是：

『一貫者，忠恕也。　忠恕者何？　成己以及物也。』

他引孟子論舜『善與人同，舍己從人，樂取於人以爲善』一段，說舜『於天下之善無不從之，是眞一以貫之。』　他說一貫只是『舍己，克己，善與人同。』『吾學焉而人精焉；舍己以從人，於是集千萬人之知以成吾一人之知。　此一以貫之所以視多學而識者爲大也。…………多學而識，成己也。　一以貫之，成己以及物也。』

我們可用他的三篇格物解來註釋他的一以貫之解。　他說格物也只是一個恕字。他說：

『格物者何？　絜矩也。　格之言來也。　物者，對乎己之稱也。……物何以來？以知來也。　來何以知？　神也。　何爲神？　寂然不動，感而遂通也。　何爲通？　反乎己以求之也。己所不欲勿施於人，則足以格人之所惡。己欲立而立人，己欲達而達人，則足以格人之所好。……故格物者，絜矩也。絜矩者，恕也。』（格物解一）

這就是『以情絜情』的格物說。『反乎己以求之』爲通；這就是上文用忠恕說一貫的意思。這種理論的根據是：

『感於物而動，性之欲也。故格物不外乎欲。己與人同此性，卽同此欲。』（格物解三）

這眞是『良知』家的格物解。良知家以爲人人皆有良知，『良知原是完完全全的，』故能有這種平等的見解。這是多麼大的一個假定呵！必須先假定『己與人同此性，卽同此欲，』然後我們可以說：

『以我之所欲所惡推之於彼，彼亦必以彼之所欲所惡推之於我。各行其恕，自相讓而不相爭，相愛而不相害。』（格物解二）

然而那個大假定是不容易成立的。焦循自己也曾說：

『孟子曰「物之不齊，物之情也。」雖（當作惟；論語通釋第二條，文與此同，作惟。）其不齊，則不能以己之性情例諸天下之性情；卽不得執己之所習所學所知所能例諸天下之所習所學所知所能。』（一以貫之解）

他又曾說：

『人各一性，不可彊人以同於己，不可彊己以同於人。有所同，必有所不同。此同也，而實異也。』（論語通釋木犀軒叢書本，第二章，第四條）

這幾句話可以摧破戴震『一人之所欲，天下人之同欲也』的假定，也可以摧破焦循『己與人同此性，卽同此欲』的假定。因爲人的好惡不齊，故不能執我的好惡爲標準而推之於天下人。我不願人來擾我，也遂不肯去擾人，這是好的。但我不愛聽音樂，也遂不許人聽音樂，那就不好了。我愛小腳，遂要女子都裹小腳，那就更壞了。戴震說以忠恕行事，

『雖有差失，亦少矣』那還是比較的公平的話。焦循以恕爲格物之法，以絜矩爲治國平天下之道，那就是良知家的話頭，不是戴震的本意了。

焦循倒底只是一個調和論者。焦循生當嘉慶時代，眼見戴震身後受當時人的攻擊，眼見戴學因攻擊程朱之故引起很大的反動，眼見這種反動竟由攻擊戴學而波及清學的全體。漢學商兌（見下節）雖然還沒有出版，然而我們從漢學商兌及焦循的申戴篇裏可以推想十九世紀初年的人攻擊戴學的猛烈。戴學攻擊那認意見爲理的正統哲學而正統哲學即用那『意見的理』來攻擊戴學，說戴學『得罪於天』『爲天之所惡』。焦循生當這個時代，感覺當日那種不容忍的空氣，既不能積極的替戴學向正統哲學決戰，便只能走向和緩的一路。焦循趨向和緩，主張忠恕，主張舍己從人，都像是有意的，不是不自覺的。

他在一以貫之解裏說：

『人惟自據其所學，不復知有人之善，故不獨邇言之不察，雖明知其善，而必相持而不相下。荀子所謂「持之有故，言之成理。」凡後世九流二氏之說，漢魏南北經師門戶之爭，宋元明朱陸陽明之學，其始緣於不恕，不能舍己克己善與人同；終遂自小其道。近於異端。使明於聖人一貫之指，何以至此？』

這一段即是用他的論語通釋的第一條的話。通釋的原文『朱陸陽明之學』之下有『近時考據家漢學宋學之辨』十一個字。這可見焦循當時確有感於漢學宋學之爭；後來不願明說，故又刪去這一句。最可注意的是論語通釋第一章共五條，論一貫忠恕；而第二章，共八條，即是論『異端』。論語中重要的問題很多，『異端』算不得重要題目；而焦循列爲十五章之一，討論至八條之多，可見他特別注重這問題了。這八條是文集中攻乎異端解的原稿。原文有云：

『凡執一者皆能賊道，不必楊墨也。聖人一貫，故其道大；異端執一，故其道小。……
……執一由於不忠恕。…………執一則人之所知所行與己不合者，皆屛而斥之，入主出奴，不恕不仁，道日小而害日大矣。』

這是很有鋒芒的話。在文集裏，這些話都删去了。攻乎異端解的大旨是解『攻』字爲『他山之石可以攻玉』之攻。攻者，磑切磨錯之義。『斯害也已』之『已』字，他解作止字。能與異己者相攻磨，就沒有害了。他又引韓詩外傳『序異端使不相悖』，把『序』字解作『時』字。他說：

『楊則冬夏皆葛也。墨則冬夏皆裘也。子莫則冬夏皆袷也。趨時者，裘葛袷皆藏之於篋，各依時而用之，卽聖人一貫之道也。』

這不完全是調和論者的口氣嗎？戴震在他的傑作的後序（疏證四三）裏說明他所以攻擊程朱是因爲程朱的學說『入人心深，禍於人大』。那是革命家的論調。焦循雖然佩服戴震，卻幹不了這革命的生活，只能勸人把『裘，葛，袷，皆藏之於篋，各依時而用之。』這種調和的態度怕是焦循所以不能做戴學的眞正傳人的一個重要原因罷？

戴震的哲學是一種新的理學；他的要旨在於否認那得於天而具於心的理，而教人注意那在事物之中的條理。知道『理』不在人心中，然後不至於認意見爲理，而執理以殺人禍世。是非是要分明的；但分別是非不靠執持個人的意見，不靠用『天理』來壓人，而靠訓練心知之明，使他能辨別是非而準。這豈是『忠恕』『絜矩』種種舊觀念所能包括的嗎？

焦循不曾認明戴學的大貢獻在於用新的『理』說來代替舊的『理』說，所以他走錯了道路，竟要人不講理而論情，竟要人『不論其是非。』他說：

> 『明儒呂坤有語錄一書，論理云：「天地間惟理與勢最尊，理又尊之尊也。廟堂之上言理，則天子不得以勢相奪。即相奪，而理則常伸於天下萬世。」此眞邪說也！孔子自言事君盡禮，未聞持理以與君抗（與君抗，文集理說作要君）者。呂氏此言，亂臣賊子之萌也。』（論語通釋第十二章第二條，即文集理說末段）

戴震反對的『理』，乃是那『尊者以理責卑，長者以理責幼，貴者以理責賤』之理；他並不反對『卑者幼者賤者以理爭之。』（看疏證10，又43）戴震用他的新理學來反抗程朱的威權，這種精神正是焦循所痛罵的『持理以與君抗』的精神。宋明的理學家持理以與君抗，這種精神是可敬的；然而他們不能細心考察他們所持的理是否全出於意氣，那是宋朝爭濮議，明朝爭三案的許多正人君子的大缺點。戴學要人注意那辨別是非的工具——心知之明；要人於『天地之大，人物之蕃，爲之委曲條分；苟得其理矣，如直者之中懸，平者之中水，圓者之中規，方者之中矩，然後推諸天下萬世而準。』（疏證十三）這樣求得的理，可以拿來反抗孔孟，何况程朱！可以拿來反抗程朱，何况皇帝！

可憐這是焦循不能了解的。他只知道：

『惟多學乃知天下之性情名物不可以一端盡之。不可以一端盡之，然後約之以禮。以禮自約，則始而克己以復禮，既而善與人同，大而化之。』（論語通釋第十二章，第四條）

這是良知家的常談，不是戴震要提倡的新理學。

焦循的同鄉親戚阮元（1764–1849）是戴學的一個最有力的護法。他少年時與戴學的大師王念孫任大椿等人做朋友，作考工記車制圖解，有江永戴震諸人所未發的精義。他從科第進身，做過幾省的學政，巡撫浙江最久，又巡撫江西河南兩省；升湖廣總督，後總督兩廣十年之久，總督雲貴也十年之久。他在浙江立詁經精舍，選高材生讀書其中，課以經，史，小學，天文，地理，算法，『許各搜討書傳，不用扃試糊名法。』他在廣州設立學海堂，也用詁經精舍的遺規。當時這兩個書院成爲國中兩個大學院；一時學者多出於其中。（看孫星衍平津館文稿下，詁經精舍題名碑記）他的特別長處在於能收羅一時大師，請他們合作，編輯重大的書籍，如經籍纂詁，十三經校勘記，疇人傳等。他刻的書也很多；凌廷堪，焦循，汪中，劉台拱等人的書都由他刻行。他刻的皇清經解一千四百卷，爲清代古學著作的第一次大結集。

阮元的揅經室集裏頗有不少的哲學文章。我們研究這些文章，可以知道他不但能繼續戴學的訓詁名物的方面，並且能在哲學方面有所發揮，有所貢獻，成績在凌廷堪與焦循之上。他用戴學治經的方法來治哲學的問題；從詁訓名物入手，而比較歸納，指出古今文字的意義的變遷沿革，剝去後人塗飾上去的意義，回到古代樸實的意義。這是歷史的眼光，客觀的研究，足以補救宋明儒者主觀的謬誤。我們試引幾條例子來說明他的方法。

他的釋順篇說：

『有古人不甚稱說之字，而後人標而論之者。有古人最稱說之恆言要義，而後人置之不講者。

『孔子生春秋時，志在春秋，行在孝經，其稱至德要道之於天下也，不曰治天下，不曰平天下，但曰「順」天下。順之時義大矣哉！何後人置之不講也？

『孝經順字凡十見。……春秋三傳，國語之稱順字者最多。……不第此也。易……之稱順者最多，……詩之稱順者最多，……禮之稱順者最多。……

『聖人治天下萬世，不別立法術，但以天下人情順逆敍而行之而已。』（揅經室一集，一，26–28）

又如釋達篇云：

『「達」之爲義，聖賢道德之始，古人最重之，且恆言之，而後人略之。

『按「達」也者，士大夫智類通明，所行事功及於家國之謂也。……達之爲義，春秋時甚重之；達之爲義，學者亦多問之。論語，……「夫達也者，質直而好義，察言而觀色，慮以下人，在邦必達，在家必達。」……大戴禮，弟子問於曾子曰，「夫士何如則可以爲達矣？」曾子曰，「不能則學，疑則問，欲行則比賢；雖有險道，循行

「達矣。」又曰「君子進則能達。豈貴其能達哉？貴其有功也。」繹孔曾此言，知所謂達者，乃士大夫學問明通，思慮不爭言色質直，循行於家國之間，無險阻之處也。……論語，子曰：「賜也達，於從政乎何有？」「夫仁者己欲達而達人。」「不怨天，不尤人，下學而上達。」」——此達之說也。』（同上一，29—30）

這些地方都可以看出他的比較方法與歷史眼光。阮元最長於用歸納比較的方法來尋出文字訓詁的變遷。他的詩書古訓就含有這種精神。他的經籍纂詁也就是根據這個意思做的。他深知文字是跟着時代變遷的；只有歸納比較的方法可以使我們知道文字的古義與原來的價値。阮元不但指出『順』字『達』字在古書裏的特殊意義與地位；他在別處時時採用這種歸納的歷史的方法。他在荀子引道經解裏指出「虞書無「者」字，何況黃帝之時？」（揅經室續集三，2）在孟子論仁論裏他指出『仁字不見於尙書虞夏商書詩雅頌易卦爻辭之中，……惟周禮大司徒「六德智仁聖義中和」爲「仁」

字初見最古者。』（𨻰經室一集九，13–14） 這都是從比較的研究裏得來的歷史見解。

清代考據之學有兩種涵義：一是認明文字的聲音與訓詁往往有時代的不同；一是深信比較歸納的方法可以尋出古音與古義來。前者是歷史的眼光，後者是科學的方法。這種態度本於哲學無甚關係。但宋明的理學皆自托於儒家的古經典，理學都掛着經學的招牌；所以後人若想打倒宋明的理學，不能不先建立一種科學的新經學；他們若想建立新哲學，也就不能不從這種新經學下手。所以戴震，焦循，阮元都是從經學走上哲學路上去的。

然而，我們不要忘記，經學與哲學究竟不同：經學家只要尋出古經典的原來意義；哲學家卻不應該限於這種歷史的考據，應該獨立地發揮自己的見解，建立自己的系統。經學與哲學的疆界不分明，這是中國思想史上的一大毛病。經學家來講哲學，哲學便不能不費許多心思日力去討論許多無用的死問題，並且不容易脫離傳統思想的束縛。哲學家來治古經，也決不會完全破除主觀的成見，所以往往容易把自己的見解讀到古書裏去。

『格物』兩個字可以有七十幾種說法。名爲解經，實是各人說他自己的哲學見解。各人說他自己的哲學，卻又都不肯老實說，都要掛上說經的大帽子。所以近古的哲學便都顯出一種不老實的樣子。所以經學與哲學合之則兩傷，分之則兩受其益。

阮元雖然自居於新式的經學家，其實他是一個哲學家。他很像戴震，表面上精密的方法遮不住骨子裏的哲學主張。阮元似乎也是很受了顏李學派的影響的。他說『一貫』說『習』說『性』說『仁』說『格物』，都顯出顏李學派與戴學的痕跡。他雖然沒有顏李戴三人的革命的口氣，然而他的方法更細密，證據更充足，態度更從容，所以他的見解竟可以做顏學與戴學的重要後援。

顏元的哲學注重實習實行，『犯手去做』，所以他自號習齋。阮元在這一點上可算是顏學的嫡派。他的論語解開端便說：

『「學而時習之」者，學兼誦之行之。凡禮樂文藝之繁，倫常之紀，道德之要，載在先王之書者，皆當講習之，貫習之。爾雅曰，「貫，習也。」轉註之，習亦貫也。時習之習，即一貫之貫。貫主行事，習亦行事，故時習者，時誦，時行之也。爾雅又曰，「貫，事也。」聖人之道，未有不於行事見而但於言語見者也。故孔子告曾子曰，「吾道一以貫之。」一貫者，壹是皆行之也。又告子貢曰，「汝以予爲多學而識之者歟？予一以貫之。」此義與告曾子同，言聖道壹是貫行，非徒學而識之。兩章對校，其義益顯。此章乃孔子教人之語，實即孔子生平學行之始末也。故學必兼誦之行之，其義乃全。馬融註專以習爲誦習，失之矣。』（揅經室一集二 16–17）

這種議論全是顏學的口氣。阮元又有論語一貫說，可以與此篇參看。他說：

『論語「貫」字凡三見：曾子之「一貫」也，子貢之「一貫」也，閔子之言「仍舊貫」也。此三貫字其訓不應有異。元按，貫，行也，事也。（爾雅，「貫，事也。」廣雅，「貫，行也。」詩碩鼠，「三歲貫女」；周禮職方，「使同貫利」；論語先進，「仍舊貫」：傳註皆訓爲事。漢書谷永傳云，

「以次貫行」後漢光武十五王傳云，「奉承貫行」皆行事之義。）三者皆當訓爲行事也。孔子呼曾子告之曰，「吾道一以貫之。」此言孔子之道皆於行事見之，非徒以文學爲教也。一與壹同。（一與壹通。經史中並訓爲專，又並訓爲皆。後漢馮緄傳，淮南說山訓，管子心術篇：皆訓一爲專。大戴衛將軍，荀子勸學，臣道，後漢書順帝紀皆訓一爲皆。荀子大略，左昭二十六年，穀梁僖九年，禮記表記，大學皆訓壹爲專。）壹以貫之，猶言壹是皆以行事爲教也。弟子不知所行爲何道，故曾子曰，「夫子之道，忠恕而已矣。」……若云賢者因聖人一呼之下，卽一旦豁然貫通焉，此似禪家「頓宗」冬寒見桶底脫大悟之旨，而非聖賢行事之道也。何者？曾子若因一貫而得道統之傳，子貢之一貫又何說乎？不知子貢之一貫亦當訓爲行事。子告子貢曰，「汝以予爲多學而識之者歟？」子貢曰，「然，非歟？」子曰，「予一以貫之。」此夫子恐子貢但以多學而識學聖人，而不於行事學聖人也。夫子於曾子則直告之，於子貢則略加問難而出之，卒之告子貢曰，

「予一以貫之，」亦謂壹是皆以行事爲教也。亦卽忠恕之道也。閔子曰，「仍舊貫，如之何？」此亦言仍舊行事，不必改作也。

『故以行事訓貫，則聖賢之道歸於儒；以通徹訓貫，則聖賢之道近於禪矣。』（揅經室一集，二，21—22）

訓『習』爲習行，是顏學的宗旨；訓『一貫』爲行事，是阮元爲顏學尋得的新根據。阮元雖不明說他曾否受顏學的影響，然而顏學對於阮元至少曾有暗示的作用，這是無可疑的。

顏元講『格物』爲犯手做去，如手格猛獸之格。李塨稍稍變通這個解說，說『格物者，謂大學中之物，如學禮學樂類，必舉其事，造其極也；』『格者，於所學之物，由淺及深，無所不到之謂也。』（大學辨業二，8—9）阮元有大學格物說一篇，似乎也是受了顏李的影響的。他說：

『禮記大學篇曰，「致知在格物，」「物格而後知至。」此二句雖從身，心，意，知而來，實爲天下國家之事。 天下國家以立政行事爲主。 大學從身心說到意知，已極思之用矣；恐學者終求之於心學而不驗之行事也，故終顯之曰，「致知在格物。」物者，事也。 格者，至也。 事者，國家天下之事，即止於五倫之至善，明德，新民，皆事 格有至義，即有止意。 履而至止於其地，聖賢實踐之道也。 凡經傳所云「格……及古鐘鼎文「格於太廟」「格於太室」之類，皆訓爲至。 蓋「假」爲字，格字同音相借也。 小爾雅廣詁曰，「格，止也。」……譬如射然，升階登堂，「物」而後射也。 儀禮鄉射禮曰，「物長如笴。」鄭註云，「物，謂射時所立處謂之物者，物猶事也。」 禮記仲尼燕居鄭註，「事之，謂立置於位也。」 釋名言語曰，「事，傳也；傳立也。」……格物者，至止於事物之謂也。 凡國家天下倫之事，無不以身親至其處而履之，以止於至善也。 格物與「止至善」「知止」「止於仁敬」等事，皆是一義，非有二解也。 必變其文曰，格物者，以格字兼包至止，以字兼包諸事。

『聖賢之道無非實踐，孔子曰，「吾道一以貫之。」貫者，行事也，卽與格物同道也。曾子著書今存十篇，首篇卽名立事，立事卽格物也。

『先儒論格物者多矣，乃多以虛義參之，似非聖人立言之本意。元之論格物，非敢異也，亦實事求是而已。』（揅經室一集，二 22–24）

阮元解格物爲履物而爲止於其地，與他解『一貫』爲行事，同是注重實踐。這是和顏學很接近的。但這卻不是戴學的精神。戴震說：

『凡異說皆……重行，不先重知。』

又說：

『聖人之言無非使人求其至當以見之行。求其至當，卽先務於知也。凡去私不求去蔽，重行不先重知，非聖學也。』

於今阮元解說格物，也歸到實踐上去，說『聖賢之道無非實踐』這雖近於顏李，卻和那『先務於知』的戴學相去很遠了。戴氏說『一以貫之』也側重心知的擴充與訓練。阮元解一貫爲行事，也就與戴學大不同了。阮元是戴學的一個大護法，尚且不能了解戴學的眞精神，豈不可歎？（參看他的詁經精舍策問及石刻孝經論語記）

阮元論性與命，也似乎受了顏學與戴學的影響。他有性命古訓一篇（揅經室一集，十，1—32），列舉古書中論性命之語比較研究得結論云：

『古性命之訓雖多，而大旨相同。』（頁1）

『召誥曰：「節性，惟日其邁；王敬作所，不可不敬德。」又曰：「若生子，罔不在厥初生，自貽哲命。今天其命哲，命吉凶，命歷年。」又曰：「王其德之用，祈天永命。」按召誥所謂命，卽天命也。……哲愚授於天爲命，受於人爲性。君子祈命而節性，盡性而知命。故孟子盡心亦謂口目耳鼻四肢爲性也。性中有味色聲臭安佚

之欲，是以必當節之。　古人但言「節性，」不言「復性」也。』(1)

『古人但說威儀，而威儀乃爲性命之所關，乃包言行在內。　言行卽德之所以修也。』(7)

『晉唐人言性命者，欲推之於身心最先之天。　商周人言性命者，祇範之於容貌最近之地，所謂「威儀」也。　春秋左傳襄公三十一年衞北宮文子見令尹圍，…………又成公十三年成子受賑於社不敬，……………此二節其言最爲明顯矣。　初未嘗求德行言語性命於虛靜不易思索之境也。…………試再稽之尚書，書言威儀者二；再稽之詩，詩三百篇中言威儀者十有七。……………凡此威儀，爲德之隅，性命所以各正也。…………』(8—11)

『樂記「人生而靜，天之性也」二句，就外感未至時言之。　樂卽外感之至易者也。…………欲生於情，在性之內，不能言性內無欲。　欲不是善惡之惡。　天既生人以血氣心知，則不能無欲。惟佛教始言絕欲。若天下人皆如佛絕欲，則舉世無生人，禽獸繁矣。此孟子所以說味色聲臭安佚爲性也。欲在有節，不可縱，不可窮。若惟以靜明屬之於性，必使說性中無欲而後快，則此經文（樂記）明云「性之欲也」欲固不能離性而自成爲欲也。』(21)

『周易繫辭傳曰，「易无思也，无爲也，寂然不動，感而遂通天下之故。」此節所言乃卜筮之鬼神處於无思无爲寂然不動之處，因人來卜筮感而遂通；非言人无思无爲寂然不動，物來感之而通也。與樂記「人生而靜，……感於物而動」爲音樂言之者，不相牽涉。而佛書內有言佛以寂靜明覺爲主者；晉唐人樂從其言，返而索之於儒書之中，得樂記斯言，及周易寂然不動之言，以爲相似，遂傅會之，以爲孔孟之道本如此。恐未然也。』(22)

『告子「食色性也」四字本不誤。其誤在以義爲外。故孟子惟闢其義外之說，而絕末闢其「食色性也」之說。若以告子「食色性也」之說爲非，則孟子明明自言口之於味目之於色爲性矣。同在七篇之中，豈自相矛盾乎？』(24—25)

此篇最後引孟子『口之於味也，目之於色也，耳之於聲也，鼻之於臭也，四肢之於安佚也：性也。有命焉，君子不謂性也。仁之於父子也，義之於君臣也，禮之於賓主也，智之於賢者也，聖人之於天道也：命也。有性焉，君子不謂命也。』這一長段本不好解。阮元認漢趙歧註最爲有理，故引其全文云：

『口之甘美味，目之好美色，耳之樂音聲，鼻之喜芬香，四肢懈倦，則思安佚不勞苦：此皆人性之所欲也。得居此樂者，有命祿，人不能皆如其願也。凡人則任情從欲而求可樂；君子之道則以仁義爲先，禮節爲制，不以性欲而苟求之也。故君子不謂之性也。

『仁者得以恩愛施於父子，義者得以理義施於君臣，好禮者得以禮敬施於賓主，智者得以明智知賢達善，聖人得以天道王於天下：此皆命祿遭遇乃得居而行之；不遇者不得施行。然亦才性有之，故可用也。凡人則歸之命祿；任天而已，不復治性。以君子之道，則修仁行義，修禮學智，庶幾聖人亹亹不倦；不但坐而聽命。故曰，君子不謂命也。』

阮元最敬重孟子此章與趙岐此註。他說：

『孟子此章，性與命相互而爲文，性命之說最爲明顯。趙氏註亦甚質實周密，毫無虛障。若與召誥（引見上文）相並而說之，則更明顯。惟其味色聲臭安佚爲性，所以性必須節。不節，則性中之情欲縱矣。惟其仁義禮智聖爲命，所以命必須敬德。德卽仁義禮智聖也。』(2)

『晉唐人嫌味色聲臭安佚爲欲，必欲別之於性之外：此釋氏所謂「佛性」，非聖經所言天性。梁以後言禪宗者，以爲不立文字，直指人心，乃見性成佛，明頓了無生。

試思以此言性，豈有味色？此與李習之復性之說又遠，與孟子之言更遠。惟孟子直斷之曰「性也，」且曰「君子不謂性，」則召誥之節性，卷阿之彌性，西伯戡黎之虞天性，周易之盡性，中庸之率性，皆範圍曲成，無不合矣。」（28）

認食色爲性，這是顏學與戴學的共同之點。駁斥『復性』之說，也是戴學的一大主張。

阮元指出易傳『寂然不動』的話是爲卜筮說的；樂記『人生而靜，感於物而動』是爲音樂說的：這都是很顯而易見的意思，然而古人多忽略了這種意思，遂使許多思想家枉費無數精力去想像那『寂然不動』的本體是個什麼樣子。阮元又用他的歷史的眼光，指出古人講性命只範圍於容貌最近之地，所謂『威儀』是也；不像晉唐人向那身心最先之天去談性命。威儀只是言行的節文，是表現於外的；修德節性也只是謹愼於威儀而已，正不須求索於『虛靜不易思索之境。』

阮元對於他自己的性論頗自信有所發明，故他作節性齋，自號節性齋主人。他有節性齋銘，總括他的性命古訓的大旨，如下：

『周初召誥肇言節性。
周末孟子互言性命。
性善之說，秉彝可證。
命哲命吉，初生即定。
終命彌性，求至各正。
邁勉其德，品節其行。
復性說與，流爲主靜。
由莊而釋，見性如鏡。
考之姬孟，實相逕庭。
若合古訓，尙曰居敬。』（揅經室續集四，33）

這是一篇性命古訓的歌括，文字太簡了，不很明白。他另有一篇節性齋主人小像跋，說的最清楚：

『余講學不敢似學案立宗旨；惟知言性則溯始召誥之節性，迄於孟子之性善，不立空談，不生異說而已。性字之造於周召之前，从「心」則包仁義禮智等在內，从「生」則包味臭聲色等在內。是故周召之時解性字樸實不亂，何也？字如此實造，事亦如此實講。周召知性命有欲，必須節之。節者，如有所節制，使不逾尺寸也。以節字制天下後世之性，此聖人萬世可行，得中庸之道也。中庸之「率性」（率同帥，）猶召誥之節性也。』（揅經室再續集一）

阮元的節性說注重言行之間的威儀，所以不知不覺地竟成了一種『主敬』說了！節性齋銘雖然反對『主靜』之說，卻又主張『若合古訓，尚曰居敬，』便是鐵證。主靜與居敬都是宗教的態度。清朝反理學的人都感覺『主靜』之害，然而很少人明白居敬與主靜相差很微，骨子裏是同一條路上的。顏元李塨反對主靜之說最力；然而他們做那刻苦的居敬工夫，每日記錄自己的過失，自己省察，以『小心翼翼，昭事上帝』爲主要的信條，——這種態度，純然是一種宗教的態度，與那靜坐省察的工夫有何根本的區別？左傳成公十三年劉子曰：

『是故君子勤禮，小人盡力。勤禮莫如致敬，盡力莫如敦篤。敬在養神，篤在守業。』

『敬在養神』一句話，說盡了敬字的宗教的起原。宋明的理學家雖不重視那民間尊天事鬼的宗教，卻始終逃不了中古以來的宗教態度，所以不是主靜，便是主敬。顏李都是信上帝的宗教家，所以更明顯地以『小心翼翼，昭事上帝』爲主敬了。阮元的『祈天而節性』也是一種宗教的態度，故重視『威儀』而以『居敬』爲節性。

所以我們可以說，阮元的節性說只是和顏學相近，而不能說是得戴學的精神。阮元所說，推到最高處也不過是一種敬愼威儀的理學先生樣子，終是一種『重行不重知』的哲學。這是戴學所輕視的。戴震論性，包括血氣心知，而特別看重『心知』的作用。他說：

『仁義禮智非他，不過懷生畏死，飲食男女，與夫感於物而動者之皆不可脫然無之，以歸於靜，歸於一，而恃人之心知異於禽獸能不惑乎所行，卽爲懿德耳。』（疏證二一）

戴震又痛駁宋儒論性之說，認爲一種變相的釋老。他說：

『以水之淸喩性，以受汚而濁喩性墮於形氣中汚壞，以澄之而淸喩學。水靜則能淸，老莊釋氏之主於無欲，主於靜寂是也。（程朱）因改變其說爲主敬，爲存理，依然釋氏教人認本來面目，教人常惺惺之法。若夫古賢聖之由博學，審問，愼思，明辨，篤行，以擴而充之者，豈徒澄淸已哉？』（二七）

注意戴氏最重視的是『擴充心知之明，』使『不惑乎所行，』使他能審察是非而準。這是『重行先重知』這是戴學的要義。阮元雖不信『復性』，然而他的節性說只是一種變相的居敬說，與戴學根本不相同。

阮元的性論的重要貢獻還在他的方法，而不靠他的結論。他用舉例的方法，搜羅論性的話，略依時代的先後，排列比較，使我們容易看出字義的變遷沿革。他的節性齋主人小像跋有云：

『虞夏書內無性字。性字始見於書西伯戡黎，召誥，詩卷阿。古性字之義包於命字之中。其字乃商周孳生之字，非倉頡所造。从「心」則包仁義等事，从「生」則包食色等事。』

我們看告子『生之謂性』的話，便知古人說性字確沒有什麼深奧的意義。這個字越到後來越說的玄妙了。孔子論性相近，只是取一個常用的字隨口說出來，毫不感覺這個字有解說或界說的必要。到了孟子，告子，荀子的時期，這個字便有界說的必要了。『生之謂性』大概是這個字的本義，荀卿與董仲舒等都用此意。孟子把仁義禮智的種子（四端）都裝到性字裏去那就是一種新界說了。老莊一派著重自然，故莊子書中論性有『繕性於俗學以求復其初謂之蒙蔽之民』的話。但莊子書中的『性』仍是一種天生自然之物，近於『生之謂性』的普通定義，其實沒有什麼玄義。性字的玄學化其實起於孟子的性善說；然而孟子還有『食色性也』的見解，又承認味臭聲色安佚爲性，所以孟子的性說還不算過於玄妙。所以戴震阮元皆崇拜孟子，而皆能承認宋儒所否認的氣質之性。阮元指出性字从生又从心，从生是指食色等，从心是包括仁義禮智等。這句話是告子孟子的合璧，已不是原始的性說了。

阮元又有塔性說，說明性字受的佛書的影響。他用『塔』字作引子。佛教有多層的建築，名窣堵波（Stŭpa），在中文沒有相當的名詞；若譯爲『臺』，臺卻沒有那樣高妙；於是翻譯者別造『塔』字以當之，絕不與臺相混。『塔自高其爲塔，而臺亦不失其爲臺。』

但是

『至於翻譯「性」字則不然。浮屠家說：有物焉，具於人未生之初，虛靈圓淨光明寂照，人受之以生；或爲嗜欲所昏，則必靜身養心，而後復見其爲父母未生時本來面目。此何名耶？無得而稱也。……晉宋姚秦人翻譯者執此物求之於中國經典內，有一「性」字，似乎相近。彼時經中「性」字縱不近，彼時典中（經典釋文所謂「典」者，老莊也）「性」字已相近。（莊子性字本是天生自然之物，駢拇馬蹄之喻最爲明顯。）於是取以當彼無得而稱之物。此譬如執臺字以當窣堵波而不別造塔字也。……

……然而與儒經尚無涉也。唐李習之以爲不然，曰「吾儒家自有性道，不可入於二氏，」於是作復性書。其下筆之字，明是召誥卷阿論語孟子內从心从生之性字，其悟於心而著於書者，仍是浮屠家無得而稱之物。……嗚呼！是直以塔爲臺，口崇古臺而心炫西塔；外用臺名，內用塔實也。是故翻譯者但以典中性字當佛經

> 無得而稱之物，而唐人更以經中性字當之也』

這種見解雖然淺近，卻是古人最容易忽略的。唐宋人論性，確是受了佛書的影響，不知不覺地把佛家所謂性和古書中所謂性混作了一件東西。所以李翺要『弗慮弗思，情則不生』以復其性；所以朱熹承認那『方寸之間，虛靈洞徹，萬理咸備』的是性，而要人『明善以復其初』。阮元是有歷史眼光的，所以指出古經中的性字，與莊子的性字不同，更與佛書中的性字不同。這種方法用到哲學史上去，可以做到一種『剝皮』工夫。剝皮的意思，就是拿一個觀念，一層一層地剝去後世隨時渲染上去的顏色，如剝芭蕉一樣，越剝進去，越到中心。試舉一個淺近的例。我們試取北京中等人家的出喪，也用這個剝皮的方法去研究他。最初，剝去那些花圈和紙紮的汽車，馬車等；那是最近加上的。其次，剝去那拖辮子，拿着長桿煙袋的紙人等等；那是民國以前加上去的。其次，剝去那些輓聯輓幛以及儀仗等等。其次，剝去喇嘛；再其次，剝去和尚道士。…………如此剝進去，直剝到那『孝子』

和棺材，那是喪禮的原來分子。我們對於一切哲學觀念也應該常常試用這種剝皮手段。阮元論「性」至少能指出古今「性」字的意義不同，至少能教我們明白哲學觀念是常常隨着時代變遷的，單是這一點已可算是很重要的貢獻了。

這個剝皮主義也可說是戴學的一種主要的精神。孟子字義疏證的宗旨只是取哲學上的重要觀念，逐個剝去後人加上去的顏色，而回到原來的樸素的意義。戴震又有答彭進士書，作於臨死一個月之前；書中指斥彭紹升「所主者，老莊佛陸王之道；而所稱引，盡六經孔孟程朱之言。」這篇長書也是一種剝皮主義；所以段玉裁論此書道：

「先生答此書，以六經孔孟之旨還之六經孔孟；以程朱之旨還之程朱；以陸王佛氏之旨還之陸王佛氏：俾陸王不得冒程朱，釋氏不得冒孔孟。」（戴氏年譜34）

這就是剝皮主義了。

阮元是一個剝皮的好手。他論性，論仁，都只是要把一個時代的思想歸還給那一個時代；都只是要剝去後代塗抹上去的色彩，顯出古代的本色。

我們現在要看阮元如何剝去『仁』字的皮。『仁』字的舊解最多，有許多種說法顯然是後世加入的意義；例如宋儒程顥說『仁者渾然與物同體，』又說『仁者以天地萬物爲一體』；這明明是後世儒者受了佛老的影響，竟不知不覺地把莊子和孔子拉成一家了。（現代中國學者也有犯此病的。）阮元用歸納的方法，把論語孟子兩書裏論『仁』的話都收集在一處排列比較，作成論語論仁論及孟子論仁論兩篇。（揅經室一集，八至九）他的結論是：

『元竊謂詮解「仁」字不必煩稱遠引，但舉曾子制言篇「人之相與也，譬如舟車然相濟達也。人非人不濟，馬非馬不走，水非水不流」；及中庸篇「仁者人也」，鄭康成註「讀如相人偶之人」數語，足以明之矣。春秋時，孔門所謂「仁」也者，以此一人與彼一人相人偶，而盡其敬禮忠恕等事之謂也。「相人偶」者，謂人之偶之也。凡仁必於身所行者驗之而始見；亦必有二人而仁乃見。若一人閉戶齋居，瞑目靜坐，雖有德理在心，終不得指爲聖門所謂之仁矣。

『蓋士庶人之仁見於宗族鄉黨，天子諸侯之仁見於國家臣民，同一相人偶之道；是必人與人相偶而仁乃見也。鄭君「相人偶」之註，卽曾子「人非人不濟」，中庸「仁者人也」，論語「己立立人，己達達人」之旨。……

『孔子答司馬牛曰，「仁者其言也訒。」夫言訒於仁何涉？不知浮薄之人語易侵暴，侵暴則不能與人相人偶，是不訒卽不仁矣。所以木訥近仁也。

『仲弓問仁，孔子答以見大賓承大祭諸語，似言敬恕之道，於仁無涉。不知天子諸侯不體羣臣，不卹民時，則爲政不仁；極之視臣草芥，使民糜爛，家國怨而畔之，亦不過不能與人相人偶而已。

『其餘聖門論仁，以類推之五十八章之旨有相合而無相戾者，卽推之諸經之旨，亦莫不相合而無相戾者。自博愛謂仁立說以來，歧中歧矣。吾固曰孔子之道當於賢者近者，庸者論之，則春秋時學問之道顯然大明於世，而不入於二氏之塗』(八，1—2)

阮氏用鄭玄『相人偶』之說，此說他在後文說的較詳細：

『說文解字，「仁，親也，从人二。」段若膺大令註曰：見部曰，「親者，密至也，會意。」中庸曰，「仁者，人也」註：「人也讀如「相人偶」之人，以人意相存問之言。」大射儀，「揖以耦」註：「言以者，耦之事成於此，意相人耦也。」聘禮，「每曲揖」註：「以人相人耦為敬也。」公食大夫禮，「賓入三揖」註：「相人偶。」詩匪風箋云：「人偶能烹魚者，……人偶能輔周道治民者。」……

『元謂，賈誼新書匈奴篇曰，「胡嬰兒得近侍側；胡貴人更進，得佐酒。前上……時人偶之。」

『以上諸義，是古所謂「人耦」猶言爾我親愛之辭。獨則無耦，耦則相親，故其字从人二。』（八，4）

『相人耦』一句話大概是漢人的常語；當時的意義現在不容易確定了。但依新書匈奴篇『時人偶之』的話看來，這『人偶』兩字是一個動詞，有『親愛』之意。阮元說『相人偶者，謂人之偶之也。』這是把一個動詞分開來講，似是小誤。

阮氏此說雖不是他的創說（新書一條是用盧文弨的校語），然而前人都不曾懂得此說的哲學意義，直到阮氏方纔用此說作為儒家對於仁字的定說。這種說法有兩個重要之點。第一，阮氏說仁為『以此一人與彼一人相人偶』『必有二人而仁乃見』：這就是說，仁是一種社會性的道德（a social virtue），不是個人的道德。從前那些說法，如「仁者渾然與物同體」，『一人閉戶齋居，瞑目靜坐』的玄想，不是儒家說仁的本意。第二，這樣說法把從前那些玄妙深刻的說法都抹煞了，回到一種很平常淺近的意義。他說：

『孔子之道，當於實者，近者，庸者論之。』這是顏學的精神，也是清儒用歸納方法與歷史眼光的效果。只有用歷史眼光與歸納方法，能使人大膽地把這樣一個抽象的觀念剝皮剝到那樣樸素的本義。

阮元的論仁兩篇，大意不過如此。他在論語論仁論裏討論『克己復禮爲仁』，解『克己』卽是『四勿』，反對宋儒解『己』爲私欲之說。(八，7—12) 這是和顏元毛奇齡李塨凌廷堪一致的。阮元也承認『克己』是『收向內言』，但他指出『向內』到視，聽，言，動，是很夠的了；再進一步就要出毛病了。他說：

『視，聽，言，動，專就己身而言。若克己而能非禮勿視，勿聽，勿言，勿動，斷無不愛人，斷無與人不相人偶者；人必與己並爲仁矣。俚言之，若曰：「我先自己好，自然要人好；我要人好，人自與我同作好人也。」…………

『孔子恐學者爲仁專待人而後並爲之，故收向內言。孟子曰，「仁，內也，」卽此說

也。然收至視，聽，言，動，亦內之至矣。一部論語，孔子絕未嘗於不視，不聽，不言，不動處言仁也。』（八，7）

他在孟子論仁論裏說：

『孟子論仁無二道：君治天下之仁，充本心之仁，無異也。……孟子論仁，至顯明，至誠實，未嘗有一毫流弊貽誤後人也。一介之士，仁具於心。然具心者，仁之端也；必擴而充之，著於行事，始可稱仁。……孟子又曰，「仁之實，事親是也。」是充此心始足以事親，保四海也。若齊王但以羊易牛而不推恩，孝子但顙有泚而不掩父母，乍見孺子將入井而不拯救，是皆失其仁之本心，不能充仁之實事，不得謂之爲仁也。

『孟子論良能，良知。良知，卽心端也；良能，實事也。舍事實而專言心，非孟子本旨也。』（九，1–2）

這裏他對於良知學派下攻擊了。他論『良知』道：

『按「良能良知」良字與「趙孟之所貴，非良貴也」良字同。良，實也（見漢書註）；無與旨也。此良知二字，不過孟子偶然及之，與「良貴」同，殊非七篇中最關緊要之言。……不解王文成何所取而以爲聖賢傳心之祕也？陽明謂：

『學不資於外求，但當反觀反省。聖人致知之功，至誠無息。其良知之體，皦如明鏡。妍媸之來，隨物見形，而明鏡曾無留染。所謂「情順萬事而無情」也。（此程顥之言。）「無所住而生其心，」佛氏曾有是言，未爲非也。明鏡之應，一照皆眞，是「生其心」處。妍者妍，媸者媸，一過而不留，卽「無所住」處。』

『陽明之言如此。學者試舉以求之孟子七篇中，有此境否？此境可以論孩提愛親之仁否？』（九，9—10）

這是用「良」字的古義來破壞良知學派的根據，也是一種剝皮的手段。

阮元不常提及『理』字；但我們看他的書學蔀通辨後（揅經室續集三，5）可以知道他若作理字說，大概近於焦循與凌廷堪，而不很近於戴震。他說：

『……理必出於禮也。古今所以治天下者，禮也。五倫皆禮，故宜忠宜孝卽理也。然三代文質損益甚多。且如殷尙白，周尙赤，禮也。使居周而有尙白者，若以非禮折之，則人不能爭；以非理折之，則不能無爭矣。故理必附乎禮以行。空言理，則可彼可此之邪說起矣。』

這一段全不是戴學的精神，與凌廷堪最相近。若依此說，則制度禮法一定之後，便要人絕對服從；不講有理無理，只問是禮不是禮。有否認禮制的便都成了『可彼可此的邪說了』！戴學只說：『事物之理，必就事物剖析至微，而後理得。』（疏證四一）又說：『人倫日用，聖人以通天下之情，遂天下之欲，權之而分理不爽，是謂理。』（四十）戴氏最恨『執理無權』的武斷（四十）；若如阮元之說，那就是於『執理無權』之外，又添一種『執禮無權』的武斷了。

以上略述戴震同時或以後的思想。這幾十年之中，反對戴學的人固然不少，但戴學的影響卻漸漸發展，使清朝中葉的學術史起一種重大的變化。什麼變化呢？這時期的經學家漸漸傾向於哲學化了。凌廷堪，焦循，阮元很可以代表這個傾向。他們的學說雖然都不算是戴學的眞傳，然而他們都想在經學上建立他們的哲學思想，這一點不能不說是戴學的影響。戴震在那個『餖飣補苴』的時代裏，獨自發憤要建立一種成系統的哲學，——一種建築在新經學之上的新理學。他的弟子王念孫段玉裁諸人不能肩此重擔子，只向那訓詁，名物，制度上去用力，只繼續發展了戴學的考證的方面。然而幾個私淑戴學的學者，焦循，凌廷堪，阮元一班人，便不甘心專做這種『餖飣補苴』的工力了，便要從『通核』的方面去謀發展了。各人的才力有限，見解有偏，沒有一個人能像戴震那樣澈底地朝着理智主義方面走。然而他們的努力至少發展了戴學的片面；他們的缺陷也都可以供我們後人的參考，使我們格外了解戴學的眞意義與眞價值。他們努力的新方面更使我們明瞭戴學確然有建立新理學，恢復中國學者的哲學興趣的大功。所以我們可以說：從戴震到阮元是淸朝思想史上的一個新時期；這個時期，我們可以叫做『新理學時期』。

但是，激烈的反動不久就起來了。阮元是淸代樸學的大護法：他從經學起家，做了幾十年的總督，門生故吏遍於國中；他又在浙江設詁經精舍，在廣州設學海堂，彙刻淸代經師的經解，造成了一種偉大的學風。故這個時期可算是淸學最時髦的時期。淸學是反理學的；從顏元到阮元，都是反理學的。理學家本來早已憤怒，要謀大舉反抗了；程晉芳姚鼐等早已提起抗議了。到阮元得意的時候，『漢學』越得意，『宋學』也就更妬忌，更憤恨。於是姚鼐的同鄉弟子方東樹憤憤地起來提出最激烈的反革命。

方東樹，桐城人，字植之，生於 1772，死於 1851。他是一個老秀才，曾跟着姚鼐學古文；讀書很勤苦，著有書林揚觶，昭昧詹言，儀衛軒文集，漢學商兌等書。他家貧，在外面客遊五十年，做過許多處的書院山長，死在祁門的東山書院。他的門人蘇惇元作他的傳，說：

『乾嘉間學者崇尙考證，專求訓詁名物之微，名曰漢學；穿鑿破碎，有害大道，名爲治經，實足以亂經；又復肆言攻詆朱子。道光初，其燄尤熾。先生憂之，乃著漢學商兌，辨析其非。書出，遂漸熄。』（儀衛軒文集附錄）

『道光初，其燄尤熾，』正是阮元最得志的時代。樸學的聲勢到了此時確有風靡全國的樣子。漢學商兌卽出於此時。此書原序作於道光六年（1826）。蘇氏說『書出，遂漸熄，』這未免太恭維方東樹了。但『漢學』家攻擊宋學歷一百年之久，可算是沒有遇着有力的反攻擊。直到漢學商兌出來，方才有一種比較有統系的駁論。方東樹搜集材料頗勤，列舉各人的議論，逐條駁辯；他這種方法頗能引起人家的注意，又頗能使一般無學識的人贊歎他的博學與雄辯。他的態度是很誠懇的，他的衛道的熱心也是很明顯的。所以他的商兌至少可算是理學末流對於『漢學』的一種最激烈的反動。阮元死於1849，方東樹死於1851；方東樹死的一年，即是洪秀全稱太平天國天王的一年。從此以後，十幾年之中東南的財富之區，學校的中心，都遭兵燹；公私的藏書多被燒毀；學者奔走避兵，學問之事遂衰歇了。亂平之後，曾國藩一班人也頗想提倡樸學。但殘破困窮的基礎之上已建不起學術文化的盛業了。故咸豐以後『漢學』之餘確然『漸熄』；但此中的功和罪，與其歸到方東樹的漢學商兌，不如歸到洪秀全和楊秀清的長髮軍了。

漢學商兌共有三篇自序。第一篇序說：

『近世有爲漢學考證者，著書以闢宋儒，攻朱子爲本，首以言心言性言理爲厲禁。……騁騁筆舌，貫穿百家。……上援通賢，下讋流俗。衆口一舌，不出於訓詁小學，名物制度。棄本逐末，違戾詆誣；於聖人躬行求仁，修齊治平之教，一切抹殺。

名爲治經，實足亂經；名爲衞道，實則畔道。』

這是他心目中的『漢學』。他爲什麽深惡漢學呢？因爲漢學詆毀宋儒，而宋儒是萬不可詆毀的。他說：

『竊以孔子沒後千五百餘歲，經義學脈，至宋儒講辨，始得聖人之眞。……今諸人邊見顚倒，利本之顚，必欲尋漢人紛歧舊說，復汩亂而晦蝕之，致使人失其是非之心。其有害於世教學術，百倍於禪與心學。』

他在第二篇序裏說：

『經者，良苗也。漢儒者，農夫之勤菑畬者也，耕而耘之，以殖其禾稼。宋儒者，穫而舂之，蒸而食之，以資其性命，養其軀體，益其精神也。非漢儒耕之，則宋儒不得食；宋儒不舂而食，則禾稼蔽畝，棄於無用，而羣生無以資其性命。今之爲漢學者，則取其遺秉滯穗而復殖之，因以笑舂食者之非，日夜不息，曰，「吾將以助農夫之耕耘也。」

卒其所殖不能用以置五升之飯；先生不得飽，弟子長飢。以此教人，導之爲愚也；以此自力，固不獲益。…………其生也勤，其死也虛；其求在外；使人狂，使人昏，蕩天下之心而不得其所本。』

他說宋儒『得聖人之眞』，這是他的一種成見。他又不了解淸學除了惠氏一派之外並非『漢學』。他說宋儒是『舂而食之』，殊不知淸儒如顏元，戴震，阮元一班人也正是要『舂而食之』，不過舂食的方法與宋儒不同罷了。

方東樹著書的動機全是一種盲目的成見。他在第二序裏說了一個譬喻：

『周，固天下之共主也。及至末孫赧王，不幸貧弱負責，無以歸之，逃之洛陽南宮謻臺。當是時，士庶人有十金之產者，因自豪，遂欲以問周京之鼎。…………後世之學者，不幸不見天地之純，古今之大，全賴程朱出而明之。乃復以其謏聞駁辨，出死力以詆而毀訾之。是何異匹夫負十金之產而欲問周鼎者也？是惡知此天下諸侯所莫敢犯也哉？』

他承認程朱為『天下諸侯所莫敢犯，』這是何等盲目的成見！要明白他的成見的來源，我們須讀他的第三序。（他的第三序不載於本書，僅見於他的書林揚觶的末卷。）他說：

『余平生觀書，不喜異說。少時亦嘗泛濫百家；惟於朱子之言有獨契。覺其言言當於人心，無毫髮不合，直與孔曾思孟無二。以觀他家，則皆不能無疑滯焉。故見後人著書凡與朱子為難者，輒恚恨，以為人性何以若是其蔽也。……

『周櫟園書影言：

『昔有鸚武飛集陀山。乃山中大火。鸚武遙見，入水濡羽，飛而灑之。天神言：「爾雖有志意，何足云也？」對曰：「嘗僑居是山，不忍見耳。」天神嘉感，即為滅火。』

『余著此書，亦鸚武翼間水耳。』（書林揚觶，下，四七）

他覺得朱子的話『言言當於人心，無毫髮不合，直與孔曾思孟無二』所以他那樣崇拜朱子，所以他『不忍見』朱子受人攻擊。懂得了這段故事，我們方可完全了解他的漢學商兌。

商兌本止一卷，因篇葉較多，分爲三卷：『首溯其畔道罔說之源；次辨其依附經義，似是而非者；次爲總論，辨其詆誣唐宋儒先，而非事實者』（序例）上卷有一段說：

『顧（炎武）黃（宗羲）諸君雖崇尚實學，尚未專標漢幟。專標漢幟則自惠氏始。惠氏雖標漢幟，尚未厲禁言理。厲禁言理則自戴氏始。自是宗旨祖述，邪詖大肆，遂舉唐宋諸儒已定不易之案，至精不易之論，必欲一一盡翻之，以張其門戶』（朱氏槐廬叢書本上，二一）

這段話有是有非。惠氏專標漢幟，但惠氏的家學是要『六經尊服鄭，百行法程朱』的，所以惠氏不是有力的反理學派。戴氏明目張膽地攻擊理學，尤其攻擊朱子。但戴氏並不是像方氏說的『厲禁言理;』戴氏攻擊那『得於天而具於心』的理,而主張那在事物之中的條理:這是厲禁言理嗎?

方東樹論漢學有六蔽:

『其一力破「理」字,首以窮理爲厲禁,此最誖道害教。

『其二,考之不實,謂程朱空言窮理,啓後學空疎之陋。

『其三,則由於忌程朱「理學」之名,及宋史「道學」之傳。

『其四,則畏程朱檢身動繩以理法;不若漢儒不修小節,不矜細行,得以寬便其私。故曰「宋儒以理殺人,如商韓之用法。浸浸乎舍法而論理。死矣!更無可救矣!」所謂不欲明鏡之見疵也。

『其五,則奈何不下腹中數卷書,及其新知小辨。不知是爲駁雜細碎,迂晦不安,乃大儒所棄餘而不屑有之者也。

『其六，則見世科舉俗士空疏者衆，貪於難能可貴之名，欲以加少爲多，臨深爲高也。』（下，12–13）

這六項之中，其實方氏最注重的是兩件事：一是治經的方法，一是對於理學的態度。這兩件可以總括他說的『六蔽』。

關於治經的方法，方氏在商兌『卷中之下』裏說的最詳細。他引錢大昕戴震的話，自下駁論道：

『夫謂義理卽存乎訓詁，是也。然訓詁多有不得真者，非義理何以審之？……

『信乎朱子有言：解經一在以其左證之異同而證之，一在以其義理之是非而衷之。二者相須，不可缺，庶幾得之。今漢學者全舍義理而求之左驗，以專門訓詁爲盡得聖道之傳，所以蔽也。』（中之下，1–2）

這是方氏的主旨。戴震曾說：『夫使義理可以舍經而求，將人人鑿空得之，奚取於經乎？……

……古今縣隔，遺文垂絕，然後求之訓詁。訓詁明則古經明，古經明而我心同然之義理乃因之以明。』

方東樹痛駁這段話，其大意如下：

(1)古今學問大抵二端：一小學，一大學。訓詁名物制度祇是小學內事。大學直從明新說起，中庸從性道說起，此程朱之教所主，爲其已成就向上，非初學之比。……

……漢學家昧於小學大學之分，混小學於大學，以爲不當歧而二之，非也。

(2)『本訓詁以求古經，古經明而我心同然之義理以明，』此碻論也。然訓詁不得義理之眞，致誤解古經，實多有之。若不以義理爲之主，則彼所謂訓詁者安可恃以無差謬也？……即以鄭氏許氏言之，其乖違失眞者已多矣，而況其下焉者乎？總而言之，主義理者斷無有舍經廢訓詁之事。主訓詁者實不能皆當於義理。何以明之？蓋義理有時實有在語言文字之外者。故孟子曰以意逆志，不以文害辭，辭害意也。漢學家專泥訓詁，如高子說詩，所以多不可通。……故義理原不出訓詁之外，（適按，此言與上文「義理有時實有在語言文字之外者」一句正相矛盾。）而必非漢學家所守之訓詁能盡得義理之眞也。（中之下，9—11）

方氏的話也不是完全不能成立的。小學大學之分自是誤從朱子，李塨的大學辨業與聖門學規纂已有很明快的駁論了。漢儒說經實多謬誤；但此言只可用來打倒惠氏一派的眞正漢學，而不能打倒戴氏以下的清學。戴學本不拘守漢儒；他的大弟子王念孫段玉裁等都能打破漢儒的束縛。方東樹也曾說高郵王氏經義述聞「實足令鄭朱俛首，自漢唐以來未有其比也。」（中之下，33）清學的大師重在方法的精密；他們的訓詁考證固然未必『能盡得義理之眞』，但治古書終不能不用這種方法。若因爲漢儒有謬誤，而就完全抹殺清儒採用的方法，而就妄想求古書的義理於語言文字之外，那就是根本上錯誤了。

清儒治經確有太拘泥漢儒之弊，也確有過信說文之弊。方東樹指出迷信說文的十五謬（中之下，24—33），都是不錯的。但這也不足以攻詆戴學。戴震段玉裁王念孫諸人對於說文，都不過把說文當作一部最重要的古辭典，與廣雅釋名等書同有參考佐證的價值。阮元纂輯經籍纂詁，更把一切古訓詁都搜集排列，看作有同等的參考作用。搜集古訓詁來作治古書的根據，這是清儒的一個基本方法。迷信說文固是可笑；但輕視古訓詁而空談義理，更是可笑了。方東樹最愛談義理，但他自己實在不曾明白他所謂『義理』是什麼東西。義理可分兩層說：一是古經的意義，一是後人的見解。清代學者略有點歷史的眼光，故能指出宋儒用主觀見解來說古經的毛病。我們也應該認清楚：治古書是要依據古訓詁的；古訓詁有不完全之處；我們應該用精密的歸納比較，求出古書的意義。我們不可認後人的主觀見解爲古書的義理。方東樹的根本毛病即在於誤認宋儒的義理爲『直與孔曾思孟無二』。這種完全缺乏歷史眼光的成見是不配批評清儒的方法的。

其實方東樹最痛恨的還是清儒（尤其是戴學）對於理學的態度。清學反抗宋明的『心學』『理學』；顧炎武在日知錄裏屢引黃震的話，排斥傳心之學；閻若璩在古文尚書疏證裏指出『人心惟危，道心惟微』的話是出於『道經』，更動搖了心學的根據與權威。

方東樹大抱不平，發爲駁論道：

『夫所惡於禪學卽心是道者，謂其專事明心，斷知見，絕義理，用心如牆壁，以徼幸於一旦之灑然證悟。若夫聖人之教，兢業以持心，又精擇明善以要於執中，尙有何病？……愚嘗反覆究思之，無論僞古文足信與否，……祇此二語卽出於巷說里諺，亦當平心審諦，斷然信其精粹無疵，不詭於道，足以質古聖而無疑。』（中之上，3-5）

道是何等堅強的信仰！這樣盲目的信仰往往能阻礙他對於反對派的了解。例如他說：

『大抵考證家用心尙粗麤，故不喜言心言性言理言道。又會有禪學心學之歧，爲其藉口。此中是非雜糅，如油著麪，本不易明。黃氏（震）顧氏（炎武）以言心爲墮禪，論雖滅裂，猶實有其害。近漢學家以致知窮理爲墮禪，則直是亂道。不知禪之失政在不求心窮理，而禪之妙亦政在不許求心窮理。纔一求心窮理，便非禪。……

……今漢學家咎程朱以言心言理墮禪，豈知程朱是深知禪之害在不致知窮理，故以致知窮理破彼學而正吾學之趨耶？』

說考證家『用心尙粗觕，故不喜言心』這眞是寃枉。考證家最肯用心而不高與言心；普通的理學家卻是天天言心而不肯用心。方氏又說漢學家以致知窮理爲墮禪，這話也有點寃枉。漢學家不但不反對致知窮理，並且正是實行致知窮理。不過他們要致的不是那不學而知的良知，要窮的也不是那得於天而具於心的理。

最寃枉的是方東樹說『漢學家厲禁言理。』這幾乎是無的放矢的議論。戴震的孟子字義疏證說『理』字最多，何嘗厲禁言理？不過戴氏談的理不合方氏的脾胃，故方氏說此書『轇轕乖違，毫無當處。』（中之上，24）商兌裏駁戴震論『理』的話凡有四條。

戴震批評程朱『以理爲如有物焉，得之於天而具於心，啓天下後世人人憑在己之意見而執之曰理，以禍斯民；』又說，『古聖人以體民之情，遂民之欲爲得理；今以己之意見不出於私爲理，是以意見殺人。』方氏駁道：

『按程朱以己之意見不出於私乃爲合乎天理，其義至精，至正，至明；何謂以意見殺人？如戴氏所申，當體民之情，遂民之欲，則彼民之情，彼民之欲，非彼之意見乎？夫以在我之意見不出於私合乎天理者不可信而信彼民之情之欲，當一切體之遂之，是爲得理；罔氣亂道，但取與程朱爲難而不顧，此爲大亂之道也。』（中之上，19）

戴震根本上反對天理與人欲的分別，所以說『情之至於纖悉無遺憾，是爲理。』方東樹根本上不能了解此說，所以駁道：

『程朱所嚴辨理欲，指人主及學人心術邪正言之，乃最吃緊本務，與民情同然好惡之欲迥別。今移此混彼，妄援立說，謂當遂其欲，不當繩之以理。言理則爲以意見殺人。此亘古未有之異端邪說！』（中之上，20）

我們看這兩段，便可知方氏全不懂得戴學的宗旨。戴氏說理只是事物的條理；而窮理只是擴充心知之明，至於辨察事情纖悉無遺憾。爲要做到這種求理的本領，我們不能不打破那相傳的理說，不能不推翻那個『得於天而具於心』的囫圇的理。因爲人若誤認理得於天而具於心，便容易誤認自己的私見爲天理。所以戴學要人放棄那攏統的，現成的理，去求那區別的，不易尋求的條理。戴學的第一要義在於教人知道『理』是難知的，不是人人可以隨便亂說的。至於理欲之辨，誠如方氏之言，本意是指君主的心術。但古來儒者並不是人人都能像方氏這樣認的清楚；他們都只泛指一切人的私欲。理欲之辨的結果遂使一般儒者偏重動機（心術）而忽略效果；自負無私，遂不恤苛責人，自信無欲，遂不顧犧牲別人；背着『天理』的招牌，行的往往是『吃人』的事業。所以戴學的第二要義在於指出『己之意見不出於私』未必卽是天理；必須要用那訓練了的心知去體察『情之至於纖悉無遺憾』那纔是得理。方氏不細心研究戴氏說理的主旨，只能摭拾幾句不重要的話，謾罵一場而已。戴學重在擴充心知之明，使人能體察事物的條理：這是一種新的理學，不是『厲禁言理』也不是『蔑理。』

戴氏又反對『性卽理也』之說；他主張性只是血氣心知，別無玄妙。方氏極力替『性卽理也』一句話辯護，說此句『與孟子性善同功，皆截斷衆流語，固非中賢小儒所及見，況妄庸乎？』（中之上，22）這全是謾罵的口氣了。他的主旨是：

性命之本（四端，五常）無有不善；使非出於理，何以能善？(23) 這種邏輯可用三段式寫出如下：

凡善的皆出於理；

性命之本皆是善的，

故性出於理。

戴學根本上就否認這個大前提。戴學也承認性善；但性善的根據在於人有心知之明，能擴而充之，而不在於天理。方東樹堅持成見，不能了解戴學；他的駁論只可算是當時人不懂戴學的一個例證而已。

但方東樹說漢學家反對致知窮理，這話也有幾分眞實。戴學全是一種理智主義的態度，眞可說是一種致知窮理的哲學。戴震說：『重行不先重知，非聖學也。』這是何等明顯的態度！但焦循，凌廷堪，阮元一班人卻不能了解這個『重行必先重知』的態度，他們的哲學往往有輕視致知窮理的傾向。焦循要人捨理而論情；凌廷堪要用禮來代替理；阮元更傾向於顏李學派，注重實習實行，而有時竟菲薄窮理。如阮元說：

『聖賢之教無非實踐。學者亦實事求是，不當空言窮理。大學集註，格亦訓至，物亦訓事；惟云「窮至事物之理」，至外增一窮字，事外增理字，加一轉折，變爲「窮理」二字，遂與實踐迥別。』

在這一點上，阮元倒不如方東樹了。方氏說：

『聖門論學固知行並進；然知畢竟在先。使非先知之，何以能行之不失也？理卽

事而在；所謂「是」者何耶？非理之所在耶？若不窮理，亦安知所求之是之所在？』(中之上，39)

這與戴學『重行必先重知』之旨正相合。其實戴學最近於程伊川與朱子，同屬於致知窮理的學派。但程朱在當時都是從中古的宗教裏打了一個滾出來，所以不能完全脫離宗教的影響。既說『即物而窮其理』了，又不肯拋棄那攏統的理，終要妄想那『一旦豁然貫通』的大覺悟。這是程朱的根本錯誤。戴震是從朱學裏出來的，他能指出程朱的矛盾，澈底打破那個攏統的『得於天而具於心』的理。性中既無所謂天理，那傳統的種種附屬見解，——如說物欲昏蔽了本來的理性，如理欲之辨等等，——也就容易推翻了。程朱在近世各學派之中，最能傾向於理智主義的一條路；不幸中古宗教的影響終使程朱不能澈底地向這條路上走，終不能免去許多半宗教半玄學的見解。戴學實在是程朱的嫡派，又是程朱的諍友。戴震大聲疾呼地指出這種半宗教的哲學，如主靜，主敬，主無欲，主理欲之辨，以至於主最後的豁然頓悟，都是中古宗教的遺傳，都是根本上與那致知窮理的哲學不相容的。致知窮理是純粹理智主義的態度。哲學若要澈底做到這種態度，應該把中古遺留下來的種種半宗教的，半玄學的觀念，都掃除的乾乾淨淨。戴震大膽地控告程朱『詳於論敬而略於論學』；這就是說，程朱的格物窮理的態度是不澈底的。戴學認清了理智主義的一條大路，所以說：

『古賢聖知人之材質有等差，是以重問學，貴擴充。老莊釋氏謂有生皆同，故主於去情欲，以勿害之，不必問學以擴充之。』（疏證，十四）

前者是理智主義的態度；後者是半玄學半宗教的修養論。戴學指出性只是血氣心知；既無所謂理性之性，亦不必假定理性為氣質所蔽。知識是積累起來的；靜中求端倪，靜坐居敬，都與致知進學不相干。無欲之論，更不相干了。撇開了這些半玄學，半宗教的把戲，這一派致知窮理的哲學方纔可以放開脚步去做那致知窮理的事業，——科學的事業。

但這是方東樹一流人不能了解的。方東樹知道程朱的學派注重致知窮理而不知道戴學與淸學也正是致知窮理；他能指出阮元重實踐而菲薄窮理之錯誤，而不知道宋明淸的理學先生們也正是只能靜坐主敬而全不做致知窮理的工夫。焦循阮元一班學者都是能實行致知窮理的，又都是能敬重戴學的；然而他們對於他們自己的治學方法實在沒有明白的了解。他們只知道戴震攻擊宋儒的理學，有破壞之功，而不知道戴震的大功在於提倡一種新的理學來代替那矛盾的，不澈底的舊理學。他們不能繼續這個新理學的運動，只能徘徊於新經學與新理學之間，或者趨近於那注重實習實行的顏李學派（如阮元）或者竟於不自覺之中回到了王陽明的良知論（如焦循），離那純粹理智態度的戴學更遠了。

凌廷堪，焦循，阮元，這三個人號稱戴學的傳人，尙且不能了解戴震的哲學，尙且不能繼續這新理學的事業，何况姚鼐，程晉芳，方東樹一班頑固的反動派呢？所以我們研究這二百年的思想史，不能不下這樣一個傷心的結論：

『戴震在中國哲學史上雖有革命的大功和建設的成績，不幸他的哲學只落得及身而絕，不曾有繼續發達的機會。 現在事過境遷，當日漢宋學爭門戶的意氣早衰歇了，程朱的權威也減削多了，「漢學」的得失也更明顯了，清代思想演變的大勢也漸漸清楚了，——我們生在這個時代，對於戴學應取什麼態度呢？ 戴學在今日能不能引起我們中興哲學的興趣呢？ 戴學能不能供給我們一個建立中國未來的哲學的基礎呢？』

方東樹在八九十年前曾有一篇可注意的預言。 他著了一篇六千字的辨道論（儀衞軒文集一，4—16），預言將來中國學術思想的趨勢。 他列舉近世學派共有三家：一爲程朱派，一爲陸王派，一爲考證漢學派。 他是痛恨漢學的，說這一派『棄心而任目，刓敝精神而無益於世用；其言盈天下，其離經畔道，過於楊墨佛老。』（文集一，7） 但在這文裏，他卻不注意考證漢學一派；他以爲這一派『其說粗，其失易曉而不足辨。』(8) 他預料漢學極盛之後，必有一種大反動，反動的趨勢，必是回到陸王學派。他說：

『使其人（考證漢學家）稍有所悟而反乎己，則必翻然厭之矣。翻然厭之，則必於陸王是歸矣。何則？人心之蕩而無止，好爲異以矜己，迪知於道者寡，則苟以自多而已。方其爲漢學考證也，固以天下之方術爲無以加此矣。及其反己而知厭之也，必務銳入於內。陸王者，其說高而可悅，其言造之之方捷而易獲。人情好高而就易；又其道託於聖人，其爲理精妙而可喜。託於聖人則以爲無詭於正；精妙可喜則師心而入之矣。如此，則見以爲天下之方術眞無以易此矣。』(8)

方東樹預料人心好高而就易，必回到陸王，故這篇辨道論全是指駁陸王的學說，『豫爲坊之，』『如弋者之張羅於路歧也，會鳥之倦而還者必入之。』他的對於陸王之學的評判是：

『彼所謂頓悟云者，其辭若易，而其踐之甚難；其理若平無奇，其造之之端崎嶇窈窕，危險萬方，而卒莫易證；其象若近，其卽之甚遠。……世之學者弗能究也，驚其高而莫知其所爲高，悅其易而卒莫能證其易，徒相與造爲揣度近似之詞，影響之談。』（16）

方東樹死後，中國的國勢一天危似一天；時勢的逼迫產生了一種託古救時的學派，是爲今文學派，又名公羊學派。這個新運動的中堅人物往往譏刺考證之學，以爲無益於世；他們高揭西漢的『微言大義』來推翻東漢的許鄭之學：這確可表示方東樹說的『翻然厭之』的心理；不過漢學的勢燄未全衰，人情雖好高而就易，他們還不肯驟然回到陸王，卻回到了西漢的『非常異義可怪之論』。但近年以來，國中學者大有傾向陸王的趨勢了。有提倡『內心生活』的，有高談『良知哲學』的，有提倡『唯識論』的，有用『直覺』說仁的，有主張『唯情哲學』的。倭鏗（Eucken）與柏格森（Bergson）都作了陸王的援兵。『揣度近似之詞，影響之談，』國中很不少了。方東樹的預言似乎要實現了。

我們關心中國思想的前途的人，今日已到了歧路之上，不能不有一個抉擇了。我們走那條路呢？我們還是『好高而就易』，甘心用「內心生活」「精神文明」一類的揣度影響之談來自欺欺人呢？還是決心不怕艱難，選擇那純粹理智態度的崎嶇山路，繼續九百年來致知窮理的遺風，用科學的方法來修正考證學派的方法，用科學的知識來修正顏元戴震的結論，而努力改造一種科學的致知窮理的中國哲學呢？我們究竟決心走那一條路呢？

一九二五，八，一三。

（著者附記：此稿作於一九二三年十二月，中間屢作屢輟，改削無數次，凡歷二十個月方纔脫稿。中間行款格式有不一律之處，文字有重複繁瑣之處，見解也許有先後不完全一致之處，都因為隨作隨付排印，不及一一改正。請讀者原諒。胡適。）

附

録

原善

七經小記戴氏遺書之九

卷上

余始爲原善之書三章，懼學者蔽以異趣也，復援據經言，疏通證明之；而以三章者分爲建首，次成上中下卷，比類合義，燦然端委畢著矣。天人之道，經之大訓萃焉。以今之去古聖哲既遠，治經之士莫能綜貫，習所見聞，積非成是，余言恐未足以振兹墜緒也。藏之家塾，以待能者發之。

段刻（文集八頁四衡作本）與此本大不同

一

善曰仁，曰禮，曰義：斯三者，天下之大衡也。上之見乎天道，是謂順；實之昭爲明德，是謂信；循之而得其分理，是謂常。道，言乎化之不已也。德，言乎不可渝也。理，言乎其詳緻也。善，言乎知常體信達順也。性，言乎本天地之化，分而爲品物者也。限於所分曰命，成其氣類曰性。各如其性以有形質，而秀發於心，徵於貌色聲，曰才。資以養者存乎事，節於內者存乎能。事能殊致存乎才。才以類別存乎性。有血氣，斯有心知，天下之事能於是乎出。君子是以知人道之全於性也。呈其自然之符，可以知始；極於神明之德，可以知終。由心知而底於神明，以言乎事則天下歸之仁，以言乎能則天下歸之智。名其不渝謂之信，名其合變謂之權。言乎順之謂道，言乎信之謂德。行於人倫庶物之謂道，侔於天地化育之謂誠。如聽於所制者然之謂命。是故生生者，化之原；生生而條理者，化之流。動而輸者立天下之博，靜而藏者立天下之約。博者其生，約者其息。生者動而時出，息者靜而自正。君子之於問學也如生；存其心，湛然合天地之心，如息。人道舉配乎生，性配乎息。生則有息，息則有生，天地所以成化也。生生者仁乎？生生而條理者禮與義乎？何謂禮？條理之秩然有序，其著也。何謂義？條理之截然不可亂，其著也。得乎生生者謂之仁，得乎條理者謂之智。至仁必易，大智必簡。仁智而道義出於斯矣。是故生生者仁，條理者禮，斷決者義，藏主者智。仁智中和曰聖人。智通禮義以遂天下之情，備人倫之懿。至貴者仁，仁得則父子親，禮得則親疏上下之分盡，義得則百事正，藏於智，則天地萬物爲量。同於生生條理，則聖人之事。

二

易曰，「形而上者謂之道，形而下者謂之器。」形而下者，成形質以往者也。形而上者，陰陽鬼神胥是也，體物者也。故曰，「鬼神之爲德，其盛矣乎？視之而弗見，聽之而弗聞，體物而不可遺。」洪範曰，「五行：一曰水，二曰火，三曰木，四曰金，五曰土。」五行之成形質者，則器也。其體物者，道也。五行陰陽，得之而成性者也。

三

易曰，「一陰一陽之謂道。繼之者，善也。成之者，性也。」一陰一陽蓋言天地之化不已也，道也。一陰一陽，其生生乎？其生生而條理乎？以是見天地之順，故曰一陰一陽之謂道。生生，仁也。未有生生而不條理者。條理之秩然，禮至著也。條理之截然，義至著也。以是見天地之常。三者咸得，天下之懿德也。人物之常也，故曰「繼之者，善也。」言乎人物之生，其善則與天地繼承不隔者也。有天地然後有人物，有人物而辨其資始曰性。人與物同有欲。欲也者，性之事也。人與物同有覺。覺也者，性之能也。欲不失之私則仁。覺不失之蔽則智。仁且智非有所加於事能也，性之德也。言乎自然之謂順，言乎必然之謂常，言乎本然之謂德。天下之道盡於順，天下之教一於常，天下之性同之於德。性之事配五行陰陽，性之能配鬼神，性之德配天地之德。人與物同有欲，而得之以生也各殊。人與物同有覺，而喻大者大，喻小者小也各殊。人與物之一善同協於天地之德，而存乎相生養之道，存乎喻大喻小之明昧也各殊。此之謂本五行陰陽以成性，故曰「成之者，性也。」善以言乎天下之大共也，性言乎成於人人之舉凡自爲性其本也。所謂善，無他焉，天地之化，性之事能，可以知善矣。君子之教也，以天下之大共正人之所自爲。性之事能合之則中正，違之則邪僻。以天地之常，俾人咸知由其常也。明乎天地之順者，可與語道。察乎天地之常者，可與語善。通乎天地之德者，可與語性。

四

他既以流行不已說道，故此處以顯說生，以藏說息，息非不動，只是潛力。

易曰，「天地之大德曰生。」氣化之於品物，可以一言盡也，生生之謂歟？觀於生生，可以知仁。觀於其條理，可以知禮。失條理而能生生者，未之有也。是故可以知義。禮也，義也，胥仁之顯乎？若夫條理得於心，其心淵然而條理，是爲智。智也者，其仁之藏乎？生生之呈其條理，顯諸仁也。惟條理是以生生，藏諸用也。顯也者，化之生於是乎見；藏也者，化之息於是乎見。生者至動而條理也，息者至靜而用神也。卉木之株葉華實，可以觀夫生；果實之白，全其生之性，可以觀夫息。是故生生之謂仁，元也；條理之謂禮，亨也；察條理之正而斷決於事之謂義，利也；得條理之準而藏主於中之謂智，貞也。

五

樂記

記曰，「夫民有血氣心知之性，而無哀樂喜怒之常，應感起物而動，然後心術形焉。」

凡有血氣心知，於是乎有欲。性之徵於欲，聲色臭味而愛畏分。既有欲矣，於是乎有情。性之徵於情，喜怒哀樂而慘舒分。既有欲有情矣，於是乎有巧與智。性之徵於巧智，美惡是非而好惡分。生養之道，存乎欲者也。感通之道，存乎情者也。二者自然之符，天下之事舉矣。盡美惡之極致，存乎巧者也。宰御之權，由斯而出。盡是非之極致，存乎智者也。賢聖之德，由斯而備。二者亦自然之符，精之以底於必然，天下之能舉矣。記又有之曰，「人生而靜，天之性也。感於物而動，性之欲也。物至知知，然後好惡形焉。好惡無節於內，知誘於外，不能反躬，天理滅矣。」人之得於天也一本。既曰血氣心知之性，又曰天之性，何也？本陰陽五行以爲血氣心知，方其未感，湛然無失，是謂天之性，非有殊於血氣心知也。是故血氣者，天地之化；心知者，天地之神；自然者，天地之順；必然者，天地之常。

六

孟子曰，「盡其心者，知其性也。知其性，則知天矣。」耳目百體之所欲，血氣資之以養，所謂性之欲也，原於天地之化者也。是故在天爲天道在人，咸根於性而見於日用事爲，爲人道。仁義之心，原於天地之德者也。是故在人爲性之德。斯二者，一也，由天道而語於無憾，是謂天德。由性之欲而語於無失，是謂性之德。性之欲，其自然之符也。性之德，其歸於必然也。歸於必然，適全其自然，此之謂自然之極致。詩曰，「天生烝民，有物有則。民之秉彝，好是懿德。」凡動作威儀之則，自然之極致也，民所秉也。自然者，散之普爲日用事爲。必然者，秉之以協於中，達於天下。知其自然，斯通乎天地之化。知其必然，斯通乎天地之德。故曰，「知其性，則知天矣。」天人道德，靡不豁然於心，故曰「盡其心。」

七

孟子曰，「口之於味也，目之於色也，耳之於聲也，鼻之於臭也，四肢之於安佚也：性也。有命焉，君子不謂性也。仁之於父子也，義之於君臣也，禮之於賓主也，知之於賢者也，聖人之於天道也，命也。有性焉，君子不謂命也。」存乎材質所自爲，謂之性，如或限之，謂之命。存乎材質所自爲也者，性則固性也，有命焉，君子不以性而求逞其欲也。如或限之也者，命則固命也，有性焉，君子不以命而自委棄也。

八

易曰，「成性存存，道義之門。」五行陰陽之成性也，純懿中正，本也。由是而事能莫非道義，無他焉，不失其中正而已矣。民不知所以存之，故君子之道鮮矣。

九

中庸曰，「天命之謂性，率性之謂道，修道之謂教。」莫非天道也，其曰天命，何也？記有之，「分於道謂之命，形於一謂之性。」言分於五行陰陽也。天道，五行陰陽而已矣。分

此處用「全」字亦有語病

而有之以成性。由其所分，限於一曲，惟人得之也全。曲與全之數判之於生初。人雖得乎全，其間則有明闇厚薄，亦往往限於一曲。而其曲可全。此人性之與物性異也。言乎其分於道，故曰天命之謂性。耳目百體之欲，求其故，本天道以成性者也。人道之有生，則有養也。仁以生萬物，禮以定萬品，義以正萬類。求其故，天地之德也，人道所由立也。咸出於性，故曰率性之謂道。五行陰陽者，天地之事能也。是以人之事能與天地之德協。事與天地之德協。而其見於動也亦易與天地之德違，則遂己之欲，傷於仁而爲之；從己之欲，傷於禮義而爲之。能與天地之德協，而其有所倚而動也，亦易遠於天地之德，則以爲仁，害禮義而有不覺；以爲禮義，害仁而有不覺。皆道之出乎身，失其中正也。君子知其然，精以察之，使天下之欲一於仁，一於禮義；使仁必無憾於禮義，禮義必無憾於仁。故曰修道之謂教。

十

中庸曰，「修身以道，修道以仁。仁者，人也，親親爲大。義者，宜也，尊賢爲大。親親之殺，尊賢之等，禮所生也。」仁是以親親，義是以尊賢，禮是以有殺有等。仁至則親親之道得，義至則尊賢之道得，禮至則於有殺有等各止其分而靡不得。修身以道，道出於身也。修道以仁，三者至，夫然後道得也。

十一

易曰，「乾以易知，坤以簡能。易則易知，簡則易從。」易也者，以言乎乾道，生生也，仁也。簡也者，以言乎坤道，條理也，智也。仁者無私，無私則猜疑悉泯，故易知。易知則有親，有親則可久，可久則賢人之德，非仁而能若是乎？智者不鑿，不鑿則行所無事，故易從。易從則有功，有功則可大，可大則賢人之業，非智而能若是乎？故曰，「易簡而天下之理得矣。」於仁無不盡也，於禮義無不盡也。

原善卷上終

凡十一章二千七百九十二字序百九字

卷中

一

物之離於生者，形存而氣與天地隔也。卉木之生，接時能芒達巳矣。飛走蠕動之儔，有覺以懷其生矣。人之神明出於心，純懿中正，其明德與天地合矣。是故氣不與天地隔者生，道不與天地隔者聖。形強者堅，氣強者力，神強者巧，知德者智。氣之失，暴；神之失，鑿；惑於德，愚。是故一人之身，形得其養不若氣得其養，氣得其養不若神得其養。君子理順心泰，霩然性得其養。人有天德之知，有耳目百體之欲，皆生而見乎才者也，天也，是故謂之性。天德之知，人之秉節於內以與天地化育侔者也。耳目百體之欲，所受中而不可踰也。是故義配明，象天；欲配幽，法地。五色，五聲，五臭，五味，天地之正也。喜怒哀樂，愛隱感念，慍懆怨憤，恐悸慮歎，飲食男女，鬱悠蹙咨，慘舒好惡之情，胥成性則然，是故謂之道。心之精爽以知，知由是進於神明，則事至而心應之者，胥事至而以道義應，天德之知也。是故人也者，天地至盛之徵也。惟聖人然後盡其盛。天地之德，可以一言盡也，仁而已矣。人之心，其亦可以一言盡也，仁而已矣。耳目百體之欲喻於心，不可以是謂心之所喻也。心之所喻，則仁也。心之仁，耳目百體莫不喻，則自心至於耳目百體，胥仁也。心得其常，於其有

此等議論還是無據的玄談

覺，君子以觀仁焉。耳目百體得其順，於其有欲，君子以觀仁焉。

二

傳曰，「心之精爽是謂魂魄。」凡有生則有精爽，從乎氣之融而靈，是以別之曰魄。從乎氣之通而神，是以別之曰魂。記有之，「陽之精氣曰神，陰之精氣曰靈。神靈者，品物之本也。」有血氣夫然後有心知，有心知於是有懷生畏死之情，因而趨利避害。其精爽之限之雖明昧相遠，不出乎懷生畏死者，血氣之倫盡然。故人莫大乎智足以擇善也。擇善則心之精爽進於神明，於是乎在。是故天地之化呈其能曰鬼神。其生生也，殊其用曰魂魄。魂以明而從天，魄以幽而從地。魂官乎動，魄官乎靜，精能之至也。官乎動者，其用也施。官乎靜者，其用也受。天之道施，地之道受。施，故制可否也。受，故虛且聽也。魄之謂靈，魂之謂神。靈之盛也明聽，神之盛也睿聖。明聽睿聖，其斯之謂神明歟？孟子曰，「形色，天性也。惟聖人然後可以踐形。」血氣心知之得於天，形色其表也。由天道以有人物，五行陰陽，生殺異用，情變殊致，是以人物生生本五行陰陽，徵爲形色。其得之也，偏全厚薄，勝負雜糅，能否精觕，清濁昏明，煩煩員員，氣衍類滋，廣博襲僢，閎鉅瑣微。形以是形，色以是色，咸分於道。以順則煦以治，以逆則毒。性至不同，各呈乎才。人之才得天地之全能，通天地之全德，從生而官器利用以馭橫生，去其畏，不暴其使。智足知飛走蠕動之性，以馴以豢；知卉木之性，良農以蒔刈，良醫任以處方。聖人神明其德，是故治天下之民，民莫不育於仁，莫不條貫於禮與義。

三

洪範曰，「敬用五事：一曰貌，二曰言，三曰視，四曰聽，五曰思。」道出於身，此其目也。「貌曰恭，言曰從，視曰明，聽曰聰，思曰睿。」幼者見其長，知就斂飭也，非其素習於儀者也。鄙野之人或不當義，可詰之使語塞也。示之而知美惡之情，告之而然否辨；心苟欲通，久必豁然也。觀於此，可以知人之性矣。此孟子之所謂性善也。由是而達諸天下之事，則「恭作肅，從作乂，明作哲，聽作謀，睿作聖。」

四

孟子曰，「心之所同然者，何也？謂理也，義也。聖人先得我心之所同然耳。」當孟子時，天下不知理義之爲性，害道之言紛出以亂先王之法。是以孟子起而明之。人物之生，類至殊也。類也者，性之大別也。孟子曰，「凡同類者舉相似也，何獨至於人而疑之？聖人與我同類者。」詰告子生之謂性，則曰，「犬之性猶牛之性，牛之性猶人之性與？」蓋孟子道性善，非言性於同也。人之性相近，胥善也。明理義之爲性，所以正不知理義之爲性者也。是故理義，性也。由孟子而後，求其說而不得，則舉性之名而曰理也，是又不可。耳之於聲也，天下之聲，耳若其符節也。目之於色也，天下之色，目若其符節也。鼻之於臭也，天下之臭，鼻若其符節也。口之於味也，天下之味，口若其符節也。耳目鼻口之官接於物，而心通其則。心之於理義也，天下之理義，心若其符節也。是皆不可謂之外也，性也。耳能辨天下之聲，目能辨天下之色，鼻能辨天下之臭，口能辨天下之味，心能通天下之理義。人之才質得於天，若是其全也！孟子曰，「非天之降才爾殊。」曰，「乃若其情，則可以爲善矣。乃所謂善也。若夫爲不善，非才之罪也。」惟據才質爲言，始確然可以斷人之性善。人之於聖人也，其才非如物之與人異。物不足以知天地之中正，是故無節於內，各遂其自然，斯已矣。人有天德之知，能踐乎中正；其自然則協天地之順，其必然則協天地之常，莫非自然也。物之自然，不足語於此。孟子道性善，察乎人之才質所自然，有節於內之謂善也。告子謂性無善無不善，不辨人之大遠乎物，概之以自然也。告子所謂無善無不善也者，靜而自然，其神沖虛，以是爲至道；及其動而之善之不善，咸目爲失於至道。故其言曰，

歷史觀

生之謂性。及孟子詰之，非豁然於孟子之言而後語塞也，亦窮於人與物之靈蠢殊絕，犬牛類又相絕，遂不得漫以爲同耳。主才質而遺理義，荀子告子是也。荀子以血氣心知之性，必教之理義，逆而變之，故謂性惡，而進其勸學修身之說。告子以上焉者無欲而靜，全其無善無不善，是爲至矣；下焉者，理義以梏之，使不爲不善。荀子二理義於性之事能，儒者之未聞道也。告子貴性而外理義，異說之害道者也。凡遠乎易論語孟子之書者，性之說大致有三：以耳目百體之欲爲說，謂理義從而治之者也。以心之有覺爲說，謂其神獨先，沖虛自然，理欲皆後也。以理爲說，謂有欲有覺，人之私也。三者之於性也，非其所去，貴其所取。彼自貴其神，以爲先形而立者，是不見於精氣爲物，秀發乎神也。以有形體則有欲，而外形體，一死生，去情欲，以寧其神；冥是非，絕思慮，以苟語自然。不知歸於必然，是爲自然之極致，動靜胥得，神自寧也。自孟子時以欲爲說，以覺爲說，紛如矣。孟子正其遺理義而已矣。心得其常，耳目百體得其順，純懿中正，如是之謂理義。故理義非他，心之所同然也。何以同然？心之明之所止，於事情區以別焉，無幾微爽失，則理義以名。專以性屬之理，而謂壞於形氣，是不見於理之所由名也。以有欲有覺爲私者，荀子之所謂性惡在是也。是見於失其中正之爲私，不見於得其中正且以驗形氣本於天，備五行陰陽之全德，非私也。孟子之所謂性善也，人之材質良，其本然之德違焉而後不善；孟子謂之放其良心，謂之失其本心。雖放失之餘，形氣本於天，備五行陰陽之全德者，如物之幾死，猶可以復蘇。故孟子曰，「其日夜之所息，平旦之氣，其好惡與人相近也者幾希。」以好惡見於氣之少息猶然，是以君子不罪其形氣也。

五

孟子曰，「耳目之官不思而蔽於物，物交物，則引之而已矣。心之官則思，思則得之，不思則不得也。此天之所與我者。先立乎其大者，則其小者弗能奪也。」人之才得天地之全能，通天地之全德，其見於思乎？誠至矣，思誠則立乎其大者矣。耳目之官不思物之未交，沖虛自然，斯已矣。心之官異是。人皆有天德之知，根於心，「自誠明」也。思中正而達天德則不蔽，不蔽則莫能引之以入於邪，「自明誠」也。耳之能聽也，目之能視也，鼻之能臭也，口之知味也：物至而迎而受之者也。心之精爽，馴而至於神明也，所以主乎耳目百體者也。聲之得於耳也，色之得於目也，臭之得於鼻也，味之得於口也：耳目百體之欲，不得則失其養，所謂養其小者也。理義之得於心也，耳目百體之欲之所受裁也；不得，則失其養，所謂養其大者也。人之所以異於禽獸者幾希。雖犬之性牛之性，當其氣無乖亂，莫不沖虛自然也。動則蔽而罔罔以行；人不求其心不蔽，於是惡外物之惑己而強禦之，可謂之所以異乎？是以老聃莊周之言尚無欲，君子尚無蔽。尚無欲者主靜以爲至。君子動靜一於仁。人有欲，易失之盈，盈斯悖乎天德之中正矣。心達天德，秉中正，欲勿失之盈以奪之；故孟子曰，「養心莫善於寡欲。」禹之行水也，使水由地中行；君子之於欲也，使一於道義。治水者徒恃防遏，將塞於東而逆行於西；其甚也，決防四出，氾濫不可救。自治治人，徒恃遏禦其欲，亦然。能苟焉以求靜，而欲之窮抑竄絕，君子不取也。君子一於道義，使人勿悖於道義，如斯而已矣。

原善卷中終

凡五章二千七百二十二字

卷下

一

人之不盡其才，患二：曰私，曰蔽。私也者，生於其心爲溺，發於政爲黨，成於行爲慝，見於事爲悖，爲欺，其究爲私己。蔽也者，其生於心也爲惑，發於政爲偏，成於行爲謬，見於事爲鑿，爲愚，其究爲蔽之以己。鑿者其失誣，愚者其失爲固。誣而罔省，施之事亦爲固，私者之安若固然爲自暴。蔽者之不求牖於明爲自棄。自暴自棄夫然後難與言善，是以卒之爲不善，非才之罪也。去私莫如強恕，解蔽莫如學。得所主莫大乎忠信，得所止莫大乎明善。是故謂之天德者三，曰仁，曰禮，曰義，善之大目也，行之所節中也。其於人倫庶物，主一則兼乎三。一或闕焉，非至善也。謂之達德者三：曰智，曰仁，曰勇，所以力於德行者三：曰忠，曰信，曰恕。竭所能之謂忠，履所明之謂信，平所施之謂恕。忠則可進之以仁，信則可進之以義，恕則可進之以禮。仁者，德行之本，體萬物而與天下共親。是故忠其屬也。義者，人道之宜，裁萬類而與天下共覩。是故信其屬也。禮者，天則之所止，行之乎人倫庶物而天下共安於分無不盡。是故恕其屬也。忠近於易，恕近於簡，信以不欺近於易，信以不渝近於簡。斯三者馴而至之，夫然後仁且智。仁且智者，不私不蔽者也。得乎生生者仁，反是而害於仁之謂私。得乎條理者智，隔於是而病智之謂蔽。用其知以爲智，謂施諸行不繆矣，是以道不行。善人者信其行，謂見於仁厚忠信爲既知矣，是以道不明。故君子克己之爲貴也。獨而不咸之謂己。以己蔽之者隔於善，隔於善，隔於天下矣。無隔於善者仁至義盡知天。是故一物有其條理，一行有其至當，徵之古訓，協於時中，充然明諸心而後得所止。君子獨居思仁，公言言義，動止應禮。達禮，義無弗精也。精義，仁無弗至也。至仁盡倫，聖人也。易簡至善，聖人所欲與天下百世同之也。

二

論語曰，「性相近也，習相遠也。惟上知與下愚不移。」人與物成性至殊，大共言之者也。人之性相近，習然後相遠，大別言之也。凡同類者，舉相似也。惟上智與下愚，明闇之生而相遠，不因於習。然曰上智，曰下愚，亦從乎「不移，」是以命之也。不移者，非不可移也。故曰，「生而知之者上也。學而知之者，次也。困而學之，又其次也。困而不學，民斯爲下矣」君子愼習而貴學。

三

中庸曰，「道也者，不可須臾離也。可離，非道也。是故君子戒愼乎其所不睹，恐懼乎其所不聞。詩云，『相在爾室，尙不愧於屋漏。』故君子不動而敬，不言而信。」睹聞者，身之接乎事物也。言動者，以應事物也。道出於身，其孰能離之？雖事物未至，肆其心而不檢柙者，胥失道也。純懿中正，道之則也。事至而動，往往失其中，至而可以不虞於疏乎？

四

中庸曰，「莫見乎隱，莫顯乎微。故君子愼其獨也。」詩云，「潛雖伏矣，亦孔之昭。」故君子內省不疚，無惡於志。君子之所不可及者，其惟人之所不見乎？」獨也者，方存乎志，未著於事人之所不見也。凡見之端在隱，顯之端在微，動之端在獨。民多顯失德行，由其動於中悖道義也。動之端疚，動而全疚。君子內正其志，何疚之有？此之謂知所愼矣。

五

中庸曰，「喜怒哀樂之未發謂之中。發而皆中節謂之和。中也者，天下之大本也。和也者，天下之達道也。致中和，天地位焉，萬物育焉。」人之有欲也，通天下之欲，仁也。人之有覺也，通天下之德，智也。惡私之害仁，惡蔽之害智。不私不蔽，則心之精爽，是爲神明。靜而未動，湛然全乎天德，故爲天下之大本。及其動也，粹然不害於私，不害於蔽，故爲天下之達道。人之材質良，性無有不善，見於此矣。自誠明者，於其中和道義由之出；自明誠者，明乎道義中和之分，可漸以幾於聖人。「惟天下至誠爲能盡其性；能盡其性則能盡人之性，能盡人之性則能盡物之性」自誠明者之致中和也。「其次致曲，曲能有誠；誠則形，形則著，著則明，明則動，動則變，變則化」自明誠者之致中和也。天地位，則天下無或不得其常者也。萬物育，則天下無或不得其順者也。

六

中庸曰，「君子尊德性而道問學，致廣大而盡精微，極高明而道中庸；溫故而知新，敦厚以崇禮。」凡失之蔽也，必狹小；失之私也，必卑闇：廣大高明之反也。致廣大者，不以己之蔽害之，夫然後能盡精微。極高明者，不以私害之，夫然後能道中庸。盡精微，是以不蔽也。道中庸，是以不私也。人皆有不蔽之端，其「故」也。問學所得，德性日充，亦成爲「故」。人皆有不私之端，其「厚」也。問學所得，德性日充，亦成爲「厚」。溫故然後可語於致廣大，敦厚然後可語於極高明。知新，盡精微之漸也。崇禮，道中庸之漸也。

七

中庸曰，「思修身，不可以不事親。思事親，不可以不知人。思知人，不可以不知天。」君子體仁以修身，則行修也。精義以體仁，則仁至也。達禮以精義，則義盡也。

八

論語曰，「弟子入則孝，出則弟；謹而信，汎愛衆，而親仁。行有餘力，則以學文。」大學言致知，誠意，正心，修身爲目四；言齊家，治國，平天下爲目三。弟子者履其所明，毋怠其所受，行而未成者也。身有天下國家之責，而觀其行事，於是命曰大學。或一家，或一國，或天下，其事必由身出之，心主之，意先之，知啓之。是非善惡，疑似莫辨，知任其責也。長惡遂非，東原說格物，竟不妨武斷地下定義，竟不舉詁訓上的標據了。此是他的例外，亦正是他的偉大處。

從善不力，意任其責也。見奪而沮喪，漫散無檢柙，心任其責也。偏倚而生惑，身任其責也。故易曰，「君子永終知弊。」絕是四弊者，天下國家可得而理矣。其曰「致知在格物，」何也？事物來乎前，雖以聖人當之，不審察無以盡其實也，是非善惡未易決也。格之云者，於物情有得而無失，思之貫通，不遺毫末，夫然後在己則不惑，施及天下國家則無憾。此之謂致其知。

九

記曰，「飲食男女，人之大欲存焉。」中庸曰，「君臣也，父子也，夫婦也，昆弟也，朋友之交也：五者，天下之達道也。」飲食男女，生養之道也，天地之所以生生也。一家之內，父子昆弟，天屬也；夫婦，胖合也。天下國家，志紛則亂，於是有君臣；明乎君臣之道者，無往弗治也。凡勢孤則德行行事窮而寡助，於是有朋友；友也者，助也。明乎朋友之道者，交相助而後濟。五者，自有身而定也，天地之生生而條理也。是故去生養之道者，賊道者也。細民得其欲，君子得其仁。遂己之欲，亦思遂人之欲，而仁不可勝用矣。快己之欲，忘人之欲，則私而不仁。飲食之貴乎恭，貴乎讓；男女之貴乎謹，貴乎別：禮也。尚廉恥，明節限，無所苟而已矣，義也。人之不相賊者，以有仁也。人之異於禽獸者，以有禮義也。專欲而不仁，無禮無義，則禍患危亡隨之，身喪名辱，若影響然。爲子以孝，爲弟以悌，爲臣以忠，爲友以信；違之，悖也。爲父以慈，爲兄以愛，爲君以仁；違之，亦悖也。父子之倫，恩之盡也；昆弟之倫，洽之盡也；君臣之倫，恩比於父子，然而敬之盡也。朋友之倫，洽比於昆弟，然而誼之盡也。夫婦之倫，恩若父子，洽若昆弟，敬若君臣，誼若朋友，然而辨之盡也。孝悌慈愛忠信，仁所務致者也。恩洽敬誼，辨其自然之符也。不務致，不務盡，則離怨凶咎隨之；悖，則禍患危亡隨之。非無憾於仁，無憾於禮義，不可謂能致能盡也。智以知之，仁以行之，勇以始終夫仁。智期於仁與禮義俱無憾焉，斯已矣。

十

虞夏書曰，「日宣三德，夙夜浚明有家。」寬也，柔也，愿也，是謂三德。寬言乎其容也，柔言乎其順也，愿言乎其慤也。寬而栗則賢否察，柔而立則自守正，愿而恭則表以威儀。人之材質不同，德亦因而殊科。簡也，剛也，彊也，是謂三德。簡言乎其不煩也，剛言乎其能斷也，彊言乎其不撓也。簡而廉則嚴利無廢怠，剛而塞則惻怛有仁恩，強而義則堅持無違悖。此皆修之於家者，其德三也。書之言又曰，「日儼祇敬六德，亮采有邦。」亂也，擾也，直也，或以寬柔愿而兼之者，是謂六德；或以簡剛彊而兼之者，是謂六德。亂言乎其得治理也，擾言乎其善撫馴也，直言乎其無隱匿也。亂而敬則事無或失，擾而毅則可以使民，直而溫則人甘聽受。此用之於邦者，其德六也。以三德知人人各有所近也。以六德知人之可任，其人有專長也。自古知人之難，以是觀其行，其人可知也。故曰「亦行有九德。」

以是論官，則官必得人也。故曰「亦言其人有德，乃言曰載采采。」德不求備於一人，故曰「翕受敷施，九德咸事，俊乂在官，百僚師師。」此官人之至道也。

十一

論語曰，「君子懷德，小人懷土；君子懷刑，小人懷惠。」其君子喻其道德，嘉其典刑；其小人咸安其土，被其惠澤。斯四者，得士治民之大端也。中庸論「爲政在人，取人以身。」自古不本諸身而能取人者，未之有也。明乎懷德懷刑，則禮賢必有道矣。易曰，「安土敦乎仁，故能愛。」書曰，「安民則惠，黎民懷之。」孟子論「民無恆產，因無恆心。」論「施仁政於民，省刑罰，薄稅斂，深耕易耨，壯者以暇日修其孝悌忠信，入以事其父兄，出以事其長上。」論「死徙無出鄉，鄉田同井，出入相友，守望相助，疾病相扶持，則百姓親睦。」明乎懷土懷惠，則爲政必有道矣。

十二

洪範曰，「無偏無黨，王道蕩蕩；無黨無偏，王道便便。」言無私於其人而黨，無蔽於其事而偏也。無偏矣，而無黨，則於天下之人大公以與之也。無黨矣，而無偏，則於天下之事至明以辨之也。洪範之言又曰，「無反無側，王道正直。」反側云者，竊闔闢之機而用之，非與天地同其剛柔動靜顯晦也。

十三

易曰，「大君有命，開國承家，小人勿用。」自古未聞相其人而目之曰「小人」而用之者。易稱小人，所以告也。言乎以小利悅上，以小知自見，其奉法似謹，其奔走似忠，惟大君灼知其小，知亂之恆由此起，故曰必亂邦也。論語曰，「巧言，令色，鮮矣仁，」亦謂此

天字亦是增字解經

求容悅者也。無惻隱之實，故避其惡聞而進其所甘，迎之以其所敬，而遠其所慢。所爲似謹似忠者二端：曰刑罰，曰貨利。議過則亟疾苛察，莫之能免；征斂則無遺錙銖，多取者不減，寡取者必增，已廢者復舉，暫舉者不廢。民以益困而國隨以亡。亂生於甚細，終於不救。無他，故求容悅者爲之於不覺也。是以君子難進而易退，小人反是。君子日見憚，小人日見親。

十四

詩曰，「惠此中國，以綏四方。無縱詭隨，以謹無良。式遏寇虐，憯不畏明？」言小人之使爲國家，大都不出詭隨寇虐二者。無縱詭迎阿從之人，以防禦其無良。遏止寇虐者，爲其曾不畏天而毒於民。斯二者，悖與欺，是以然也。凡私之見爲欺也，在事爲詭隨，在心爲無良。私之見爲悖也，在事爲寇虐，在心爲不畏天明。無良，鮮不詭隨矣。不畏明，必肆其寇虐矣。

十五

詩曰，「民之罔極，職涼善背；爲民不利，如云不克。民之回遹，職競用力；民之未戾，職盜爲寇。」在位者多涼德而善欺背，以爲民害，則民亦相欺而罔極矣。在位者行暴虐而競強用力，則民巧爲避而回遹矣。在位者肆其貪，不異寇取，則民愁苦而動搖不定矣。凡此，非民性然也，職由於貪暴以賊其民所致。亂之本，鮮不成於上，然後民受轉移於下，莫之或覺也。乃曰「民之所爲不善！」用是而讎民，亦大惑矣。

十六

詩曰，「洞酌彼行潦，挹彼注茲，可以餴饎。豈弟君子，民之父母。」言君子得其性，是以錫於民也。詩曰，「敦彼行葦，牛羊勿踐履，方苞方體，維葉泥泥，」仁也。

原善卷下終

凡十六章三千四百七字

總三篇合序三十三章九千三十一字

孟子字義疏證

戴氏遺書之九

序

余少讀論語，端木氏之言曰：「夫子之文章可得而聞也，夫子之言性與天道不可得而聞也。」讀易，乃知言性與天道在是。周道衰，堯舜禹湯文武周公致治之法，煥乎有文章者，棄爲陳迹。孔子既不得位，不能垂諸制度禮樂，是以爲之正本溯源，使人於千百世治亂之故，制度禮樂因革之宜，如持權衡以御輕重，如規矩準繩之於方圜平直，言似高遠而不得不言。自孔子言之，實言前聖所未言。微孔子，孰從而聞之？故曰不可得而聞。是後私智穿鑿者，亦警於亂世，或以其道全身而遠禍，或以其道能誘人心有治無亂，而謬在大本舉一廢百；意非不善，其言祇足以賊道。孟子於是不能已於與辯。當是時，羣共稱孟子好辯矣。孟子之書，有曰「我知言」，曰「遊於聖人之門者難爲言」。蓋言之謬，非終於言也，將轉移人心；心受其蔽，必害於事，害於政。彼目之曰「小人」之害天下後世也，顯而共見。目之曰「賢智君子」之害天下後世也，相率趨之以爲美言，其入人心深，禍斯民也大，而終莫之或寤。辯惡可已哉？孟子辯楊墨；後人習聞楊墨老莊佛之言，且以其言汨亂孟子之言。是又後乎孟子者之不可已也。苟吾不能知之，亦已矣。吾知之而不言，是不忠也。是對古聖人賢人而自負其學，對天下後世之仁人而自遠於仁也。吾用是懼，述孟子字義疏證三卷。韓退之氏曰，「道於楊墨老莊佛之學，而欲之聖人之道，猶航斷港絕潢以望至於海也。故求觀聖人之道，必自孟子始。」（送王秀才序。）嗚呼，不可易矣！休寧戴震。

卷上

理　一

理者，察之而幾微必區以別之名也。是故謂之分理。在物之質曰肌理，曰腠理，曰文理。（亦曰文縷，理縷語之轉耳。）得其分，則有條而不紊，謂之條理。孟子稱孔子之謂集大成曰，「始條理者，智之事也；終條理者，聖之事也。」聖智至孔子而極其盛，不過舉條理以言之而已矣。易曰，「易簡而天下之理得。」自乾坤言，故不曰仁智，而曰易簡。以易知，知一於仁愛平恕也。以簡能，能一於行所無事也。「易則易知，易知則有親，有親則可久，可久則賢人之德。」若是者，仁也。「簡則易從，易從則有功，有功則可大，可大則賢人之業。」若是者，智也。天下事情，條分縷晰，以仁且智當之，豈或爽失幾微哉？中庸曰，「文理密察，足以有別也。」樂記曰，「樂者，通倫理者也。」鄭康成注云，「理，分也。」許叔重說文解字序曰，「知分理之可相別異也。」古人所謂理，未有如後儒之所謂理者矣。

二

問，古人之言天理，何謂也？

曰，理也者，情之不爽失也。未有情不得而理得者也。凡有所施於人，反躬而靜思之：人以此施於我，能受之乎？凡有所責於人，反躬而靜思之：人以此責於我，能盡之乎？以我絜之人，則理明。天理云者，言乎自然之分理也。自然之分理，以我之情，絜人之情，而無不得其平，是也。樂記曰，「人生而靜，天之性也。感於物而動，性之欲也。物至知知，然後好惡形焉。好惡無節於內，知誘於外，不能反躬，天理滅矣」滅者，滅沒不見也。又曰，「夫物之感人無窮，而人之好惡無節，則是物至而人化物也。人化物也者，滅天理而窮人欲者也。於是有悖逆詐僞之心，有淫佚作亂之事。是故强者脅弱，衆者暴寡，知者詐愚，勇者苦怯，疾病不養，老幼孤獨不得其所。此大亂之道也。」誠以弱寡愚怯與夫疾病老幼孤獨，反躬而思其情，人豈異於我？蓋方其靜也，未感於物，其血氣心知湛然無有失，（揚雄方言曰，湛，安也。郭璞注云，湛然，安貌。）故曰天之性。及其感而動，則欲出於性；一人之欲，天下人之所同欲也，故曰性之欲。好惡既形，遂己之好惡，忘人之好惡，往往賊人以逞欲。反躬者，以人之逞其欲，思身受之之情也。情得其平，是爲好惡之節，是爲依乎天理。（莊子，庖丁爲文惠君解牛，自言依乎天理，批大郤，導大窾，因其固然，技經肯綮之未嘗，而況大軱乎？天理卽其所謂彼節者有閒，而刀刃者無厚，以無厚入有間，適如其天然之分理也。」古人所謂天理，未有如後儒之所謂天理者矣。

三

問，以情絜情而無爽失，於行事誠得其理矣。情與理之名何以異？

曰，在己與人皆謂之情。無過情無不及情之謂理。詩曰，「天生烝民，有物有則。民之秉彝，好是懿德。」孔子曰，「作此詩者，其知道乎？」孟子申之曰，「故有物必有則，民之秉彝也，故好是懿德。」以秉持為經常曰則，以各如其區分曰理，以實之於言行曰懿德。物者，事也。語其事，不出乎日用飲食而已矣。舍是而言理，非古賢聖所謂理也。

四

問，孟子云，「心之所同然者，謂理也，義也。聖人先得我心之所同然耳。」是理又以心言，何也？

曰，心之所同然，始謂之理，謂之義。則未至於同然，存乎其人之意見，非理也，非義也。凡一人以爲然，天下萬世皆曰是不可易也，此之謂同然。舉理以見心能區分，舉義以見心能裁斷。分之各有其不易之則，名曰理。如斯而宜，名曰義。是故明理者，明其區分也。精義者，精其裁斷也。不明，往往界於疑似而生惑；不精，往往雜於偏私而害道：求理義而智不足者也，故不可謂之理義。自非聖人，鮮能無蔽。有蔽之深，有蔽之淺者。人莫患乎蔽而自智，任其意見，執之爲理義。吾懼求理義者以意見當之，孰知民受其禍之所終極也哉？

五

問，宋以來，儒書之言以理爲如有物焉，得於天而具於心。（朱子語錄云，理無心則無著處。又云，凡物有心而其中必虛，人心亦然。止這些虛處便包藏許多道理，推廣得來，蓋天蓋地，莫不由此。此所以爲人心之好歟？理在人心，是謂之性。心是神明之舍，爲一身之主宰。性便是許多道理，得之天而具於心者。）今釋孟子，乃曰一人以爲然，天下萬世皆曰是不可易也，此之謂同然。是心之明，能於事情不爽失，使無過情，無不及情，之謂理。非如有物焉，具於心矣。又以未至於同然，存乎其人之意見，不可謂之理義。在孟子言聖人先得我心之同然，固未嘗輕以許人。是聖人始能得理。然人莫不有家，進而國事，進而天下，豈待聖智而後行事歟？

曰，六經孔孟之言，以及傳記羣籍，理字不多見。今雖至愚之人，悖戾恣睢，其處斷一事，責詰一人，莫不輒曰理者，自宋以來始相習成俗，則以理爲如有物焉，得於天而具於心，因以心之意見當之也。於是負其氣，挾其勢位，加以口給者理伸；力弱氣慴，口不能道辭者，理屈。嗚呼，其孰謂以此制事以此制人之非理哉？即其人廉潔自持，心無私慝，而至於處斷一事，責詰一人，憑在己之意見，是其所是而非其所非，方自信嚴氣正性，嫉惡如讎，而不知事情之難得，是非之易失於偏，往往人受其禍，己且終身不寤，或事後乃明，悔已無及。嗚呼，其孰謂以此制事以此治人之非理哉？天下智者少而愚者多，以其心知明於衆人，則共推之爲智，其去聖人甚遠也。以衆人與其所共推爲智者，較其得理，則衆人之蔽必多；以衆所共推爲智者與聖人較其得理，則聖人然後無蔽。凡事至而心應之，其斷於心，輒曰理如是，古賢聖未嘗以爲理也。不惟古賢聖未嘗以爲理，昔之人異於今人之一啓口而曰理，其亦不以爲理也。昔人知在己之意見不可以理名，而今人輕言之。夫以理爲如有物焉，得於天而具於心，未有不以意見當之者也。今使人任其意見，則謬。使人自求其情，則得。子貢問曰，「有一言而可以終身行之者乎？」子曰，「其恕乎？己所不欲，勿施於人。」大學言治國平天下，不過曰「所惡於上，毋以使下；所惡於下，毋以事上」，以位之卑尊言也。「所惡於前，毋以先後；所惡於後，毋以從前」，以長於我與我長言也。「所惡於右，毋以交於左；所惡於左，毋以交於右」，以等於我言也。曰「所不欲」，曰「所惡」，不過人之常情，不言理而理盡於此。惟以情絜情，故其於事也，非心出一意見以處之。苟舍情求理，其所謂理無非意見也。未有任其意見而不禍斯民者。

悅＝Satisfied with

六

問，以意見爲理，自宋以來，莫敢致斥者，謂理在人心故也。今曰理在事情，於「心之所同然，」洵無可疑矣，孟子舉以見人性之善，其說可得聞歟？

曰，孟子言「口之於味也，有同耆焉；耳之於聲也，有同聽焉；目之於色也，有同美焉；至於心，獨無所同然乎？」明理義之悅心，猶味之悅口，聲之悅耳，色之悅目之爲性。味也，聲也，色也，在物而接於我之血氣；理義在事而接於我之心知。血氣心知有自具之能：口能辨味，耳能辨聲，目能辨色，心能辨夫理義。味與聲色在物不在我，接於我之血氣，能辨之而悅之；其悅者，必其尤美者也。理義在事情之條分縷析，接於我之心知，能辨之而悅之；其悅者，必其至是者也。子產言人生始化曰魄；既生魄，陽曰魂。曾子言陽之精氣曰神，陰之精氣曰靈。神靈者，品物之本也。蓋耳之能聽，目之能視，鼻之能臭，口之知味，魄之為也，所謂靈也，陰主受者也。心之精爽，有思輒通，魂之為也，所謂神也，陽主施者也。主施者斷，主受者聽。故孟子曰，耳目之官不思，心之官則思。是思者，心之能也。精爽有蔽隔而不能通之時；及其無蔽隔，無弗通，乃以神明稱之。凡血氣之屬皆有精爽；其心之精爽，鉅細不同。如火光之照物，光小者，其照也近，所照者不謬也，所不照，斯（斯字孔刻本作所。依下文例改）疑謬承之。不謬之謂得理。其光大者，其照也遠，得理多而失理少。且不特遠近也。光之及又有明闇，故於物有察有不察。察者盡其實，不察，斯疑謬承之。疑謬之謂失理。失理者，限於質之昧，所謂愚也。惟學可以增益其不足而進於智，益之不已，至乎其極，如日月有明，容光必照，則聖人矣。此中庸「雖愚必明，」孟子「擴而充之之謂聖人，」神明之盛也。其於事靡不得理，斯仁義禮智全矣。故理義非他，所照所察者之不謬也。何以不謬？心之神明也。人之異於禽獸者，雖同有精爽，而人能進於神明也。理義豈別若一物，求之所照所察之外？而人之精爽能進於神明。豈求諸氣稟之外哉？

七

問，後儒以人之有嗜欲出於氣稟，而理者別於氣稟者也。今謂心之精爽，學以擴充之，進於神明，則於事靡不得理，是求理於氣稟之外者非矣。孟子專舉理義以明性善，何也：

曰，古人言性，但以氣稟言，未嘗明言理義爲性，蓋不待言而可知也。至孟子時，異說紛起，以理義爲聖人治天下具，設此一法以强之從。害道之言，皆由外理義而生。人徒知耳之於聲，目之於色，鼻之於臭，口之於味之爲性，而不知心之於理義亦猶耳目鼻口之於聲色臭味也。故曰，至於心獨無所同然乎？蓋就其所知以證明其所不知，舉聲色臭味之欲歸之耳目鼻口，舉理義之好歸之心，皆內也，非外也。比而合之，以解天下之惑，俾曉然無疑於理義之爲性。害道之言庶幾可以息矣。孟子明人心之通於理義，與耳目鼻口之通於聲色臭味，咸根諸性，非由後起。後儒見孟子言性則曰理義，則曰仁義禮智，不得其說，遂於氣稟之外增一理義之性，歸之孟子矣。

此一條與緒言上頁十八｜十九差不多全相同

八

問，聲色臭味之欲亦宜根於心，今專以理義之好爲根於心，於好是懿德固然矣，抑聲色臭味之欲徒根於耳目鼻口歟？心，君乎百體者也。百體之能，皆心之能也。豈耳悅聲，目悅色，鼻悅臭，口悅味，非心悅之乎？

曰，否。心能使耳目鼻口，不能代耳目鼻口之能。彼其能者，各自具也。故不能相爲。人物受形於天地，故恆與之相通。盈天地之間，有聲也，有色也，有臭也，有味也；舉聲色臭味則盈天地間者無或遺矣。外內相通，其開竅也，是爲耳目鼻口。五行有生尅，生則相得，尅則相逆。血氣之得其養，失其養，繫焉資於外，足以養其內。此皆陰陽五行之所爲。外之盈天地之間，內之備於吾身。外內相得無間，而養道備。「民之質矣，日用飲食。」自古及今，以爲道之經也。血氣各資以養，而開竅於耳目鼻口以通之；既於是通，故各成其能而分職司之。孔子曰，「少之時，血氣未定，戒之在色。及其長也，血氣方剛，戒之在鬬。及其老也，血氣既衰，戒之在得。」血氣之所爲不一，舉凡身之嗜欲，根於血氣，明矣；非根於心也。孟子曰，「理義之悅我心，猶芻豢之悅我口」，非喩言也。凡人行一事，有當於理義，其心氣必暢然自得；悖於理義，心氣必沮喪自失。以此見心之於理義，一同乎血氣之於嗜欲，皆性使然耳。耳目鼻口之官，臣道也。心之官，君道也。臣效其能而君正其可否。理義非他，可否之而當，是謂理義。然又非心出一意以可否之也。若心出一意以可否之，何異强制之乎？是故就事物言，非事物之外別有理義也。有物必有則，以其則正其物，如是而已矣。就人心言，非別有理以予之而具於心也。心之神明，於事物咸足以知其不易之則，譬有光皆能照，而中理者，乃其光盛，其照不謬也。

九

問，學者多識前言往行，可以增益己之所不足。宋儒謂理得於天而藏於心，殆因問學之得於古賢聖而藏於心，比類以爲說歟？

曰，人之血氣心知本乎陰陽五行者，性也。如血氣資飲食以養，其化也即爲我之血氣，非復所飲食之物矣。心知之資於問學，其自得之也亦然。以血氣言，昔者弱而今者強，是血氣之得其養也。以心知言，昔者狹小而今也廣大，昔者闇昧而今也明察，是心知之得其養也。故曰雖愚必明。人之血氣心知，其天定者往往不齊，得養不得養，遂至於大異。苟知問學猶飲食，則貴其化，不貴其不化。記問之學，入而不化者也。自得之則居之安，資之深，取之左右逢其源，我之心知極而至乎聖人之神明矣。神明者，猶然心也，非心自心而所得者藏於中之謂也。心自心而所得者藏於中，以之言學，尚爲物而不化之學；況以之言性乎？

十

問，宋以來之言理也，其說爲不出於理則出於欲，不出於欲則出於理。故辨乎理欲之界，以爲君子小人於此焉分。今以情之不爽失爲理，是理者存乎欲者也。然則無欲亦非歟？

曰，孟子言養心莫善於寡欲。明乎欲不可無也，寡之而已。人之生也，莫病於無以遂其生。欲遂其生，亦遂人之生，仁也。欲遂其生，至於戕人之生而不顧者，不仁也。不仁實始於欲遂其生之心。使其無此欲，必無不仁矣。然使其無此欲，則於天下之人生道窮促，亦將漠然視之。己不必遂其生，而遂人之生，無是情也。然則謂不出於正則出於邪，不出於

「欲之失爲私不爲蔽」此意未經前人道過

邪則出於正，可也。謂不出於理則出於欲，不出於欲則出於理，不可也。欲，其物；理，其則也。不出於邪而出於正，猶往往有意見之偏，未能得理。而宋以來之言理欲也，徒以爲正邪之辨而已矣。不出於邪而出於正，則謂以理應事矣。理與事分爲二而與意見合爲一，是以害事。夫事至而應者，心也。心有所蔽，則於事情未之能得，又安能得理乎？自老氏貴於抱一，貴於無欲。莊周書則曰，「聖人之靜也，非曰靜也善故靜也，萬物無足以撓心者故靜也。水靜猶明，而況精神？聖人之心靜乎！夫虛靜恬淡寂寞無爲者，天地之平，而道德之至。」（莊子天道篇（十三）語，有刪節。）周子通書曰，「聖可學乎？曰，可。有要乎？曰，有。請問焉。曰，一爲要。一者，無欲也。無欲則靜虛動直。靜虛則明，明則通。動直則公，公則溥。明通公溥，庶矣哉！」此即老莊釋氏之說。朱子亦屢言人欲所蔽，皆以爲無欲則無蔽。非中庸雖愚必明之道也。有生而愚者，雖無欲，亦愚也。凡出於欲，無非以生以養之事。欲之失爲私，不爲蔽。自以爲得理，而所執之。（之字似當作者）實謬，乃蔽而不明。天下古今之人，其大患，私與蔽二端而已。私生於欲之失，蔽生於知之失。欲生於血氣，知生於心。因私而咎欲，因欲而咎血氣；因蔽而咎知，因知而咎心。（心字孔刻本無。依上文增。）老氏所以言常使民無知無欲。彼自外其形骸，貴其眞宰。後之釋氏，其論說似異而實同。宋儒出入於老釋，（程叔子撰明道先生行狀云，自十五六時，聞周茂叔論道，遂厭科舉之業，慨然有求道之志。泛濫於諸家，出入於老釋者幾十年。返求諸六經，然後得之。呂與叔撰橫渠先生行狀云，范文正公勸讀中庸。先生讀其書，雖愛之，猶以爲未足。又訪諸釋老之書，累年盡究其說，知無所得，返而求之六經。朱子語類，廖德明錄癸巳所聞，先生言二三年前見得此事尚鶻突，爲他佛說得相似。近年來方看得分曉。考朱子慕禪學在十五六時；年二十四見李愿中，教以看聖賢言語。而其後復入於釋氏。至癸巳，年四十四矣。）故雜乎老釋之言以爲言。詩曰，「民之質矣，日用飲食。」記曰，「飲食男女，人之大欲存焉。」聖人治天下，體民之情，遂民之欲，而王道備。人知老莊釋氏異於聖人，聞其無欲之說，猶未之信也。於宋儒則信以爲同於聖人；理欲之分，人人能言之。故今之治人者，視古賢聖體民之情，遂民之欲，多出於鄙細隱曲，不措諸意：不足爲怪。而及其責以理也，不難舉曠世之高節，著於義而罪之。尊者以理責卑，長者以理責幼，貴者以理責賤，雖失，謂之順。卑者幼者賤者以理爭之，雖得，謂之逆。於是下之人不能以天下之同情，天下所同欲，達之於上。上以理責其下，而在下之罪，人人不勝指數。（罪下疑衍一人字。）人死於法，猶有憐之者。死於理，其誰憐之！嗚呼，雜乎老釋之言以爲言，其禍甚於申韓如是也！六經孔孟之書，豈嘗以理爲如有物焉，外乎人之性之發爲情欲者而強制之也哉？孟子告齊梁之君曰，「與民同樂，」曰，「省刑罰，薄稅斂，」曰，「必使仰足以事父母，俯足以畜妻子，」曰，「居者有積倉，行者有裹糧，」曰，「內無怨女，外無曠夫，」仁政如是，王道如是而已矣。

十一

問，樂記言滅天理而窮人欲，其言有似於以理欲爲邪正之別，何也？

曰，性，譬則水也。欲，譬則水之流也。節而不過，則爲依乎天理，爲相生養之道，譬則水由地中行也。窮人欲而至於有悖逆詐僞之心，有淫佚作亂之事，譬則洪水橫流，汎濫於中國也。聖人教之反躬，以己之加於人，設人如是加於己，而思躬受之之情，譬則禹之行水，行其所無事，非惡汎濫而塞其流也。惡汎濫而塞其流，其立說之工者且直絕其源，是遏欲無欲之喻也。口之於味也，目之於色也，耳之於聲也，鼻之於臭也，四肢之於安佚也，此後儒視爲人欲之私者，而孟子曰，性也。繼之曰，有命焉。命者，限制之名。如命之東，則不得而西，言性之欲之不可無節也。節而不過，則依乎天理；非以天理爲正，人欲爲邪也。天理者，節其欲而不窮人欲也。是故欲不可窮，非不可有；有而節之，使無過情，無不及情，可謂之非天理乎？

十二

問，中庸言，君子戒愼乎其所不睹，恐懼乎其所不聞，言君子必愼其獨。後儒因有存理遏欲之說。今曰欲譬則水之流，則流固不可塞；誠使水由地中行，斯無往不得其自然之分理。存此意以遏其汎濫，於義未爲不可通。然中庸之言，不徒治之於汎濫也。其意可得聞歟？

曰，所謂戒愼恐懼者，以敬肆言也。凡對人者，接於目而睹，則戒愼其儀容；接於耳而聞，則恐懼有愆謬。君子雖未對人亦如是，蓋敬而不敢少肆也。篇末云，「君子不動而敬，不言而信，」是也。所謂愼獨者，以邪正言也。凡有所行，端皆起於志意，如見之端起於隱，顯之端起於微。其志意旣動，人不見也。篇末云，「君子內省不疚，無惡於志。君子之所不可及者，其唯人之所不見乎？」是也。蓋方未應事，則敬肆分。事至而動，則邪正分。敬者恆自檢柙。肆則反是。正者不牽於私，邪則反是。必敬必正，而意見或偏，猶未能語於得理。雖智足以得理，而不敬則多疏失，不正則盡虛僞。三者，一虞於疏，一嚴於僞，一患於偏，各有所取也。

十三

問，自宋以來，謂理得於天而具於心。既以爲人所同得，故於智愚之不齊歸諸氣稟，而敬肆邪正概以實其理欲之說。老氏之抱一無欲，釋氏之常惺惺，彼所指者曰眞宰，曰眞空，（莊子云，若有眞宰而特不得其眹。釋氏書云，卽此識情，便是眞空妙智。又云，眞空則能攝衆有而應變。又云，湛然常寂，應用無方，用而常空，空而常用，用而不有，卽是眞空，空而不無，卽成妙有。）而易以「理」字便爲聖學。既以理爲得於天，故又創理氣之說，譬之二物渾淪。（朱子語錄云，理與氣決是二物，但在物上看，則二物渾淪，不可分開各在一處。然不害二物之各爲一物也。）於理極其形容，指之曰淨潔空闊。（問先有理後有氣之說。朱子曰，不消如此說，而今知他合下先是有理，後有氣邪，後有理，先有氣邪，皆不可得而推究。然以意度之，則疑此氣是依傍道理行，及此氣之聚，則理亦在焉。蓋氣則能凝結造作，理卻無情意，無制度，無造作。止此氣凝聚處，理便在其中。且如天地間人物草木禽獸，其生也莫不有種，定不會無種了，白地生出一個物事。這個都是氣。若理則止是個淨潔空闊底世界，無形迹，他卻不會造作。氣則能醞釀凝聚生物也。」不過就老莊釋氏所謂眞宰眞空者轉之以言夫理，就老莊釋氏之言，轉而爲六經孔孟之言。今何以剖別之，使截然不相淆惑歟？

曰，天地人物事爲，不聞無可言之理者也。詩曰，「有物有則，」是也。物者，指其實體實事之名；則者，稱其純粹中正之名。實體實事罔非自然，而歸於必然，天地人物事爲之理得矣。夫天地之大，人物之蕃，事爲之委曲條分；苟得其理矣，如直者之中懸，平者之中水，圓者之中規，方者之中矩，然後推諸天下萬世而準。易稱「先天而天弗違，後天而奉天時。天且弗違，而況於人乎？況於鬼神乎？」中庸稱「考諸三王而不謬，建諸天地而不悖，質諸鬼神而無疑，百世以俟聖人而不惑。」夫如是，是爲得理，是爲心之所同然。孟子曰，「規矩，方圓之至也，聖人，人倫之至也。」語天地而精言其理，猶語聖人而言乎其可

此即科學的目的

法耳。尊是理而謂天地陰陽不足以當之，必非天地陰陽之理則可。天地陰陽之理，猶聖人之聖也。尊其聖而謂聖人不足以當之，可乎哉？聖人亦人也，以盡乎人之理，羣共推爲聖智。盡乎人之理非他，人倫日用盡乎其必然而已矣。推而極於不可易之爲必然，乃語其至，非原其本。後儒從而過求，徒以語其至者之意言思議，視如有物，謂與氣渾淪而成，聞之者習焉不察，莫知其異於六經孔孟之言也。舉凡天地人物事爲，求其必然不可易，理至明顯也。從而尊大之，不徒曰天地人物事爲之理，而轉其語曰理無不在，視之如有物焉，將使學者皓首茫然，求其物不得。非六經孔孟之言難知也，傳注相承，童而習之，不復致思也。

十四

問，宋儒以理爲如有物焉，得於天而具於心。人之生也，由氣之凝結生聚，而理則湊泊附著之。（朱子云，人之所以生，理與氣合而已。天理固浩浩不窮，然非是氣，則有是理而無所湊泊。故必二氣交感，凝結生聚，然後是理有所附著。）因以此爲完全自足。（程子云，聖賢論天德，蓋自家元是天然完全自足之物。若無所汚壞，卽當直而行之。若少有汚壞，卽敬以治之，使復如舊。）如是，則無待於學。然見於古賢聖之論學，與老莊釋氏之廢學，截然殊致，因謂理爲形氣所汚壞，故學焉以復其初。（朱子於論語首章，於大學在明明德，皆以復其初爲言。）「復其初」之云，見莊周書。（莊子繕性篇云，繕性於俗學以求復其初，滑欲于俗知以求致其明，謂之蔽蒙之民。又云，文滅質，博溺心，然後民始惑亂，無以返其性情而復其初。）蓋其所謂理，卽如釋氏所謂「本來面目」，而其所謂「存理」，亦卽如釋氏所謂「常惺惺」。（釋氏書云，不思善，不思惡時，認本來面目。上蔡謝氏曰，敬是常惺惺法。王文成解大學格物致知，主扞禦外物之說。其言曰，本來面目卽吾聖門所謂良知。隨物而格，是致知之功。）豈宋以來儒者，其說盡援儒以入釋歟？

曰，老莊釋氏以其所謂眞宰眞空者爲完全自足；然不能謂天下之人有善而無惡，有智而無愚也因舉善與智而毀訾之。老氏云，「絕學無憂。唯之與阿，相去幾何？善之與惡，相去何若？」又云，「以智治國，國之賊；不以智治國，國之福。」又云，「古之善爲道者，非以明民，將以愚之。」彼蓋以無欲而靜則超乎善惡之上，智乃不如愚，故直云「絕學」，又主（主字孔刻本作生。以意改，形近而譌）絕聖棄智，絕仁棄義。此一說也。荀子以禮義生於聖心，常人學然後能明於禮義，若順其自然，則生爭奪；弗學而能，乃屬之性；學而後能，不得屬之性，故謂性惡。而其於孟子言性善也，辯之曰，性善，則去聖王，息禮義矣；性惡，則與聖王，貴禮義矣。此又一說也。荀子習聞當時雜乎老莊告子之說者廢學毀禮義，而不達孟子性善之旨，以禮義爲聖人教天下制其性，使不至爭奪，而不知禮義之所由名。老莊告子及後之釋氏乃言如荀子所謂去聖王息禮義耳。程子朱子謂氣稟之外，天與之以理，非生知安行之聖人，未有不汚壞其受於天之理者也，學而後此理漸明，復其初之所受。是天下之人雖有所受於天之理，而皆不殊於無有，此又一說也。今富者遺其此論最切。程朱論致知的部分，實與清學接近，但他們為傳統之說所誤，終不能撇開主敬的部分，故終流於空疏。

子粟千鍾，貧者無升斗之遺。貧者之子取之宮中無有，因日以其力致升斗之粟。富者之子亦必如彼之日以其力致之，而曰所致者即其宮中者也。說必不可通。故詳於論敬而略於論學。（如程子云，敬以治之，使復如舊，而不及學。朱子於中庸致中和，猶以為戒懼慎獨。）陸子靜王文成諸人推本老莊釋氏之所謂眞宰眞空者，以為即全乎聖智仁義，即全乎理。（陸子靜云，收拾精神，自作主宰。萬物皆備於我，何有欠闕？當惻隱時，自然惻隱；當羞惡時，自然羞惡；當寬裕溫柔時，自然寬裕溫柔；當發強剛毅時，自然發強剛毅。王文成云，聖人致知之功，至誠無息。其良知之體，皦如明鏡，妍媸之來，隨物現形，而明鏡曾無所留染。所謂情順萬事而無情也。「無所住以生其心」佛氏曾有是言，未為非也。明鏡之應，妍者妍，媸者媸，一照而皆眞，即是生其心處。妍者妍，媸者媸，一過而不留，即無所住處。）此又一說也。程子朱子就老莊釋氏所指者，轉其說以言夫理，非援儒而入釋，誤以釋氏之言雜入於儒耳。陸子靜王文成諸人就老莊釋氏所指者，即以理實之，是乃援儒以入於釋者也。試以人之形體與人之德性比而論之。形體始乎幼小，終乎長大；德性始乎蒙昧，終乎聖智。其形體之長大也，資於飲食之養乃長，日加益，非復其初。德性資於學問進而聖智，非復其初，明矣。人物以類區分，而人所稟受，其氣清明，異於禽獸之不可開通。然人與人較，其材質等差凡幾？古賢聖知人之材質有等差，是以重問學貴擴充。老莊釋氏謂有生皆同，故主於去情欲，以勿害之，不必問學以擴充之。在老莊釋氏既守己自足矣，因毀訾仁義以伸其說。荀子謂常人之性，學然後知禮義，其說亦足以伸。陸子靜王文成諸人同於老莊釋氏，而改其毀訾仁義者，以爲自然全乎仁義，巧於伸其說者也。程子朱子尊理而以爲天與我，猶荀子尊禮義以爲聖人與我也。謂理爲形氣所污壞，是聖人而下形氣皆大不美，即荀子性惡之說也。而其所謂理，別爲湊泊附著之一物，猶老莊釋氏所謂眞宰眞空之湊泊附著於形體也。理既完全自足，難於言學以明理，故不得不分理氣爲二本而咎形氣。蓋其說雜糅傅合而成，令學者眩惑其中。雖六經孔孟之言具在，咸習非勝是，不復求通。嗚呼，吾何敢默而息乎！

十五

問，程伯子之出入於老釋者幾十年，返求諸六經，然後得之，見叔子所撰行狀。而朱子年四十內外，猶馳心空妙。其後有答汪尚書書言「熹於釋氏之說，蓋嘗師其人，尊其道。求之亦切至矣，然未能有得。其後以先生君子之教，校乎前後緩急之序，於是暫置其說而從事於吾學。其始蓋未嘗一日不往來於心也。以爲俟卒究吾說而後求之，未爲甚晚。而一二年來，心獨有所自安，雖未能卽有諸己，然欲復求之外學以遂其初心，不可得矣。」程朱雖從事釋氏甚久，然終能覺其非矣，而又未合於六經孔孟，則其學何學歟？

曰，程子朱子，其出入於老釋，皆以求道也。使見其道爲是，雖人以爲非，而不顧。其初非背六經孔孟而信彼也。於此不得其解，而見彼之捐棄物欲，返觀內照，近於切己體察，爲之亦能使思慮漸淸，因而冀得之爲衡事物之本。然極其致，所謂明心見性，還其神之本體者，即本體得矣，以為如此便足無欠闕矣，實動輒差謬。在老莊釋氏固不論差謬與否，而程子朱子求道之心，久之知其不可恃以衡鑒事物，故終謂其非也。夫人之異於物者，人能明於必然；百物之生，各遂其自然也。老氏言致虛極守靜篤，言道法自然，釋氏亦不出此。皆起於自私，使其神離形體而長存。（老氏言長生久視，以死為返其真；所謂長生者，形化而神長存也；釋氏言不生不滅，所謂不生者，不受形而生也；不滅者，即其神長存也。）其所謂性，所謂道，專主所謂「神」者為言。邵子云，「道與一，神之強名也。」又云，「神無方而性有質。」又云，「性者，道之形體；心者，性之郛郭。」又云，「人之神即天地之神。」合其言觀之，得於老莊最深。所謂道者，指天地之神無方也；所謂性者，指人之神有質也。故曰，道之形體。邵子又云，「神統於心，氣統於腎，形統於首；形氣交而神主乎其中，三才之道也。」此顯指神宅於心，故曰，心者性之郛郭。邵子又云，「氣則養性，性則乘氣；故氣存則性存，性動則氣動也。」此顯指神乘乎氣而資氣以養。（王文成云，夫良知一也，以其妙用而言謂之神，以其流行而言謂之氣，立

此似非張氏的本意

說亦同。又即導養家所云，神之烱烱而不昧者爲性，氣之絪縕而不息者爲命。）朱子於其指神爲道指神爲性者，皆轉以言夫理。張子云，「由太虛，有天之名。由氣化，有道之名。合虛與氣，有性之名。合性知覺，有心之名。」其所謂虛，六經孔孟無是言也。張子又云，「神者，太虛妙應之目。」又云，「天之不測謂神，神而有常謂天。」又云，「神，天德；化，天道。」是其曰虛曰天，不離乎所謂「神」者。彼老莊釋氏之自貴其神，亦以爲妙應，爲沖虛，爲足乎天德矣。（如云，性周法界，淨智圓妙，體自空寂。）張子又云，「氣有陰陽，推行有漸爲化，合一不測爲神。」斯言也，蓋得之矣。試驗諸人物，耳目百體會歸於心。心者，合一不測之神也。天地間百物生生，無非推本陰陽。易曰，「精氣爲物。」曾子曰，「陽之精氣曰神，陰之精氣曰靈。神靈者品物之本也。」因其神靈，故不徒曰氣而稱之曰精氣。老莊釋氏之謬，乃於此岐而分之。內其神而外形體，徒以形體爲傳舍，以舉凡血氣之欲，君臣之義，父子昆弟夫婦之親，悉起於有形體以後。而神至虛靜，無欲無爲。在老莊釋氏徒見於自然，故以神爲已足。程子朱

此亦是無據的玄談

子見於六經孔孟之言理義，歸於必然不可易，非老莊釋氏所能及，因尊之以當其所謂神者，爲生陽生陰之本，而別於陰陽；爲人物之性，而別於氣質；反指孔孟所謂道者非道，所謂性者非性。獨張子之說，可以分別錄之。如言「由氣化，有道之名」，言「化，天道」，言「推行有漸爲化，合一不測爲神」。此數語者，聖人復起，無以易也。張子見於必然之爲理，故不徒曰神，而曰神而有常。誠如是言，不以理爲別如一物，於六經孔孟近矣。就天地言之，化，其生生也；神，其主宰也：不可岐而分也。故言化則賅神，言神亦賅化。由化以知神，由化與神以知德。德也者，天地之中正也。就人言之，有血氣則有心知，有心知，雖自聖人而下，明昧各殊，皆可學以牖其昧而進於明。天之生物也，使之一本，而以性專屬之神，則視形體爲假合。以性專屬之理，則茍非生知之聖人，不得不咎其氣質，皆二本故也。老莊釋氏尊其神爲超乎陰陽氣化，此尊理爲超乎陰陽氣化。朱子答呂子約書曰：「陰陽也，君臣父子也，皆事物也，人之所行也，形而下者也，萬象紛羅者也。是數者各有常然之

此處的爭點甚重要

「自然」the natural與「必然」the necessary這個分別爲戴氏學說的一個要點此理含有科學意義

理，卽所謂道也，當行之路也，形而上者也，沖漠無朕者也。」然則易曰「立天之道曰陰與陽；」中庸曰「君臣也，父子也，夫婦也，昆弟也，朋友之交也：五者天下之達道也，」皆僅及事物而卽謂之道，豈聖賢之立言不若朱子言之辨析歟？聖人順其血氣之欲，則爲相生養之道，於是視人猶己，則忠；以己推之，則恕；憂樂於人，則仁；出於正，不出於邪，則義；恭敬不侮慢，則禮；無差謬之失，則智。曰忠恕，曰仁義禮智，豈有他哉？常人之欲，縱之至於邪僻，至於爭奪作亂。聖人之欲，無非懿德，欲同也善不善之殊致若此。欲者，血氣之自然；其好是懿德也，心知之自然。此孟子所以言性善。心知之自然，未有不悅理義者，未能盡得理合義耳。由血氣之自然而審察之，以知其必然，是之謂理義。自然之與必然，非二事也。就其自然，明之盡而無幾微之失焉，是其必然也。如是而後無憾，如是而後安，是乃自然之極則。若任其自然而流於失，轉喪其自然，而非自然也。故歸於必然，適完其自然。夫人之生也，血氣心知而已矣。老莊釋氏見常人任其血氣之自然之不可，而靜以養其心知之自然。於心知之自然謂之性，血氣之自然謂之欲。說雖巧變，要不過分血氣心知爲二本。荀子見常人之心知，而以禮義爲聖心。見常人任其血氣心知之自然之不可，而進以禮義之必然。於血氣心知之自然謂之性，於禮義之必然謂之教。合血氣心知爲一本矣，而不得禮義之本。程子朱子見常人任其血氣心知之自然之不可，而進以理之必然。於血氣心知之自然，謂之氣質，於理之必然謂（謂字孔刻本作爲依上文例改）之性。亦合血氣心知爲一本矣，而更增一本。分血氣心知爲二本者，程子斥之曰異端本心而其增一本也，則曰吾儒本天。如其說，是心之爲心，人也，非天也，性之爲性，天也，非人也。以天別於人，實以性爲別於人也。人之爲人，性之爲性，判若彼此，自程子朱子始。告子言以人性爲仁義，猶以杞柳爲桮棬。孟子必辨之，爲其戕賊一物而爲之也。況判若彼此，豈有不戕賊者哉？蓋程子朱子之學借階於老莊釋氏，故僅以理之一字易其所謂眞宰眞空者，而餘無所易。其學非出於荀子，而偶與荀子合。故彼以爲惡者，此亦咎之。彼以爲出於聖人者，此以爲出於天，出於天與出於聖人，豈有異乎？天下惟一本，無所外。有血氣則有心知。有心知則學以進於神明。一本然也。有血氣心知，則發乎血氣心知之自然者明之盡使無幾微之失，斯無往非仁義。一本然也。苟岐而二之，未有不外其一者。六經孔孟而下，有荀子矣，有老莊釋氏矣。然六經孔孟之道猶在也。自宋儒雜荀子及老莊釋氏以入六經孔孟之書，學者莫知其非，而六經孔孟之道亡矣。

卷中

天道

十六

道，猶行也，氣化流行，生生不息，是故謂之道。易曰，「一陰一陽之謂道。」洪範，「五行：一曰水，二曰火，三曰木，四曰金，五曰土。」行亦道之通稱。（詩，載馳，女子善懷，亦各有行。毛傳云，行，道也。竹竿，女子有行，遠兄弟父母。鄭箋云，行，道也。）舉陰陽則賅五行，陰陽各具五行也；舉五行即賅陰陽，五行各有陰陽也。大戴禮記曰，「分於道謂之命，形於一謂之性。」言分於陰陽五行以有人物，而人物各限於所分以成其性。陰陽五行，道之實體也；血氣心知，性之實體也。有實體，故可分；惟分也，故不齊。古人言性，惟本於天道如是。

十七

問，易曰，「形而上者謂之道，形而下者謂之器。」程子云，「惟此語截得上下最分明。元來止此是道，要在人默而識之。後儒言道，多得之此。」朱子云，「陰陽，氣也，形而下者也。所以一陰一陽者，理也，形而上者也。道，卽理之謂也。」朱子此言，以道之稱惟理足以當之。今但曰氣化流行生生不息，乃程朱所目爲「形而下」者。其說據易之言以爲言，是以學者信之。然則易之解可得聞歟？

曰氣化之於品物，則形而上下之分也。形乃品物之謂，非氣化之謂。易又有之，「立天之道，曰陰與陽。」直舉陰陽，不聞辨別「所以陰陽」而始可當道之稱。豈聖人立言皆辭不備哉？一陰一陽流行不已，夫是之爲道而已。古人言辭，「之謂」「謂之」有異。凡曰「之謂」，以上所稱解下。如中庸「天命之謂性，率性之謂道，修道之謂教」，此爲性道教言之，若曰「性也者，天命之謂也；道也者，率性之謂也；教也者，修道之謂也。」易「一陰一陽之謂道」，則爲天道言之，若曰道也者，一陰一陽之謂也。凡曰「謂之」者，以下所稱之名辨上之實。如中庸「自誠明，謂之性；自明誠，謂之教。」此非爲性教言之，以性教區別「自誠明」「自明誠」二者耳。易，「形而上者謂之道，形而下者謂之器」，本非爲道器言之，以道器區別其「形而上」「形而下」耳。形謂已成形質，形而上猶曰形以前；形而下猶曰形以後。（如言千載而上，千載而下，詩下武維周鄭箋云下猶後也。）陰陽之未成形質，是謂形而上者也，非形而下明矣。器言乎一成而不變，道言乎體物而不可遺。不徒陰陽非形而下：如五行水火木金土，有質可見，固形而下也器也。其五行之氣，人物咸稟受於此，則形而上者也。易言一陰一陽，洪範言初一曰五行；舉陰陽，舉五行，卽賅鬼神。中庸言鬼神之體物而不可遺，卽物之不離陰陽五行以成形質也。由人物遡而上之，至是止矣。六經孔孟之書不聞理氣之辨，而後儒創言之，遂以陰陽屬形而下，實失道之名義也。

十八

問，後儒論陰陽，必推本太極，云「無極而太極。太極動而生陽，動極而靜，靜而生陰，靜極復動。一動一靜，互爲其根。分陰分陽，兩儀立焉。」朱子釋之云，「太極生陰陽，理生氣也。陰陽既生，則太極在其中理復在氣之內也。」又云，「太極，形而上之道也。陰陽，形而下之器也。」今既辨明形乃品物，非氣化。然則太極兩儀後儒據以論道者，亦必傅合失之矣。自宋以來，學者惑之已久，將何以解其惑歟？

曰，後世儒者紛紛言太極，言兩儀，非孔子贊易太極兩儀之本指也。孔子曰，「易有太極，是生兩儀，兩儀生四象，四象生八卦。」曰儀，曰象，曰卦，皆據作易言之耳，非氣化之陰陽得兩儀四象之名。易備於六十四，自八卦重之，故八卦者易之小成，有天地山澤雷風水火之義焉。其未成卦畫，一奇以儀陽，一偶以儀陰，故稱兩儀。奇而遇奇，陽已長也，以象太陽；奇而遇偶，陰始生也，以象少陰。偶而遇偶，陰已長也，以象太陰；偶而遇奇，陽始生也，以象少陽。伏羲氏覩於氣化流行，而以奇偶儀之象之。孔子贊易，蓋言易之爲書，起於卦畫，非漫然也。實有見於天道一陰一陽爲物之終始會歸，乃畫奇偶兩者從而儀之。故曰，易有太極，是生兩儀。既有兩儀，而四象，而八卦，以次生矣。孔子以太極指氣化之陰陽，承上文明於天之道言之，卽所云一陰一陽之謂道。以兩儀四象八卦指易畫。後世儒者以兩儀爲陰陽，而求太極於陰陽之所由生，豈孔子之言乎？

十九

問，宋儒之言形而上下，言道器，言太極兩儀，今據孔子贊易本文疏通證明之，洵於文義未協。其見於理氣之辨也，求之六經中無其文，故借太極兩儀形而上下之語以飾其說，以取信學者歟？

曰，舍聖人立言之本指而以己說爲聖人所言，是誣聖；借其語以飾吾之說以求取信，是欺學者也。誣聖欺學者，程朱之賢不爲也。蓋其學借階於老莊釋氏，是故失之。凡習於先入之言，往往受其蔽而不自覺。在老莊釋氏，就一身分言之有形體有神識，而以神識爲本。推而上之，以神爲有天地之本。（老氏云，有物混成，先天地生。又云，道之爲物，惟恍惟忽。忽兮恍兮，其中有象。恍兮忽兮，其中有物。釋氏書，問，如何是佛？曰，見性爲佛。如何是性？曰，作用爲性。如何是作用？曰，在目曰見，在耳曰聞，在鼻臭香，在口談論，在手執捉，在足運奔。徧見俱該法界，收攝在一微塵。識者知是佛性，不識喚作精魂。）遂求諸無形無迹者爲實有，而視有形有迹爲幻。在宋儒，以形氣神識同爲己之私，而理得於天。推而上之，於理氣截之分明，以理當其無形無迹之實有，而視有形有迹爲粗。益就彼之言而轉之，（朱子辨釋氏云，儒者以理爲不生不滅，釋氏以神識爲不生不滅。）因視氣曰空氣，（陳安卿云，二氣流行，萬古生生，不息不成，只是空氣，必有主宰之者，理是也。）視心曰性之郛郭。（邵子云，心者性之郛郭。）是彼別形神爲二本，而宅於空氣宅於郛郭者爲天地之神與人之神。此別理氣爲二本，（朱子云，天地之間，有理有氣。理也者，形而上之道也，生物之本也。氣也者，形而下之器也，生物之具也。是以人物之生，必稟此理然後有性，也稟此氣然後有形。）而宅於空氣宅於郛郭者爲天地之理與人之理。由考之六經孔孟，茫然不得所謂性與天道者。及從事老莊釋氏有年，覺彼之所指獨遺夫理義而不言，是以觸於形而上下之云，太極兩儀之稱，頓然有悟，遂創爲理氣之辨，不復能詳審文義。其以理爲氣之主宰，如彼以神爲氣之主宰也；以理能生氣，如彼以神能生氣也。（老氏云，一生二，二生三，三生萬物。萬物負陰而抱陽，沖氣以為和）以理壞於形氣，無人欲之蔽則復其初，如彼以神受形而生，不以物欲累之則復其初也。皆改其所指神識者以指理，徒援彼例此，而實非得之於此。學者轉相傳述，適所以誣聖亂經。善夫韓退之氏曰，「學者必慎所道。道於楊墨老莊佛之學，而欲之聖人之道，猶航斷港絕潢以望至於海也。」此宋儒之謂也。

性

此亦一種「類不變」論

二十

性者，分於陰陽五行以爲血氣心知，品物區以別焉。舉凡既生以後所有之事，所具之能，所全之德，咸以是爲其本。故易曰，「成之者，性也。」氣化生人生物以後，各以類滋生久矣。然類之區別，千古如是也，循其故而已矣。在氣化曰陰陽，曰五行；而陰陽五行之成化也，雜糅萬變。是以及其流形，不特品物不同，雖一類之中又復不同。凡分形氣於父母，卽爲分於陰陽五行。人物以類滋生，皆氣化之自然。中庸曰，「天命之謂性。」以生而限於天，故曰天命。大戴禮記曰，「分於道謂之命，形於一謂之性。」分於道者，分於陰陽五行也。一言乎分，則其限之於始，有偏全厚薄淸濁昏明之不齊，各隨所分而形於一，各成其性也。然性雖不同，大致以類爲之區別。故論語曰，「性相近也。」此就人與人相近言之也。孟子曰，「凡同類者，舉相似也。何獨至於人而疑之？聖人與我同類者。」言同類之相似，則異類之不相似，明矣。故詰告子「生之謂性」曰，「然則犬之性猶牛之性？牛之性猶人之性與？」明乎其必不可混同言之也。天道，陰陽五行而已矣，人物之性，咸分於道，成其各殊者而已矣。

二

問，論語言性相近，孟子言性善。自程子朱子始別之以爲截然各言一性。（朱子於論語引程子云，此言氣質之性，非言性之本也。若言其本，則性即是理，理無不善。孟子之言性善是也。何相近之有哉？）反取告子「生之謂性」之說爲合於孔子。（程子云，性一也，何以言相近？此止是言氣質之性，如俗言性急性緩之類。性安有緩急，此言性者，生之謂性也。又云，凡言性處，須看立意如何。且如言人性善，性之本也。生之謂性，論其所稟也。孔子言性相近，若論其本，豈可言相近？止論其所稟也。告子所云固是。爲孟子問他，他說便不是也。）創立名目曰氣質之性，而以理當孟子所謂善者爲生物之本。（程子云，孟子言性，當隨

爲言是也

文看。不以告子「生之謂性」爲不然者，此亦性也。被命受生之後謂之性耳。故不同。繼之曰，犬之性猶牛之性，牛之性猶人之性與？然不害爲一。若乃孟子之言善者，乃極本窮源之性。）人與禽獸得之也同。（程子所謂不害爲一，朱子於中庸天命之謂性，釋之曰，命猶令也，性即理也。天以陰陽五行化生萬物，氣以成形而理亦賦焉，猶命令也。於是人物之生因各得其所賦之理，以爲健順五常之德，所謂性也。）而致疑於孟子。（朱子云，孟子言人所以異於禽獸者幾希，不知人何故與禽獸異。又言犬之性猶牛之性，牛之性猶人之性與？不知人何故與牛犬異。此兩處似欠中間一轉語，須著說是形氣不同，故性亦少異始得。恐孟子見得人性同處，自是分曉直截，却於這些子未甚察。）是謂性即理，於孟子且不可通矣。其不能通於易論語，固宜。孟子聞告子言生之謂性，則致詰之。程朱之說不幾助告子而議孟子歟？

曰，程子朱子，其初所講求者，老莊釋氏也。老莊釋氏自貴其神而外形體，顯背聖人，毀訾仁義。告子未嘗有神與形之別，故言食色性也，而亦尚其自然，故言性無善無不善。雖未嘗毀訾仁義，而以桮棬喻義，則是災杞柳始爲桮棬，其指歸與老莊釋氏不異也。凡血氣之屬，皆知懷生畏死，因而趨利避害，雖明暗不同，不出乎懷生畏死者同也。人之異於禽獸不在是。禽獸知母而不知父，限於知覺也。然愛其生之者，及愛其所生，與雌雄牝牡之相愛，同類之不相噬，習處之不相齧，進乎懷生畏死矣。一私於身，一及於身之所親，皆仁之屬也。私於身者，仁其身也。及於身之所親者，仁其所親也。心知之發乎自然有如是。人之異於禽獸亦不在是。告子以自然爲性使之然，以義爲非自然轉制其自然使之強而相從，故言仁內也，非外也；義外也，非內也。立說之指歸，保其生而已矣。陸子靜云，惡能害心，善亦能害心。此言實老莊告子釋氏之宗指。貴其自然，以保其生，誠見窮人欲而流於惡者適足害生，卽慕仁義爲善，勞於問學殫思竭慮，亦於生耗損，於此見定而心不動，其生之謂性之說如是也。豈得合於孔子哉？易論語孟子之書，其言性也，咸就其分於陰陽五行以成性爲言。成則人與百物偏全，厚薄，清濁，昏明，限於所分者各殊。徒曰生而已矣，適同人於犬牛而不察其殊。朱子釋孟子有曰，「告子不知性之爲理，而以所爲氣者當之。蓋徒知知覺運動之蠢然者人與物同，而不知仁義禮智之粹然者人與物異也。」如其說，孟子但舉人物詰之，可矣又何分（何分二字孔刻本誤倒）牛之性犬之性乎？犬與牛之異，非有仁義禮智之粹然者，不得謂孟子以仁義禮智詰告子，明矣。在告子旣以知覺運動爲性，使知覺運動之蠢然者人與物同，告子何不可直應之曰然？斯以見知覺運動之不可概人物而目爲蠢然同也。凡有生卽不隔於天地之氣化。陰陽五行之運而不已，天地之氣化也。人物之生生本乎是，由其分而有之不齊，是以成性各殊。知覺運動者，統乎生之全言之也。由其成性各殊，是以本之以生，見乎知覺運動也，亦殊。氣之自然潛運，飛潛動植皆同，此生生之機肖乎天地者也。而其本受之氣，與所資以養者之氣則不同。所資以養者之氣雖由外而入，大致以本受之氣召之。五行有生克，遇其克之者則傷，甚則死，此可知性之各殊矣。本受之氣，及所資以養者之氣，必相得而不相逆，斯外內爲一。其分於天地之氣化以生，本相得不相逆也。氣運而形不動者，卉木是也。凡有血氣者，皆形能動者也。由其成性各殊，故形質各殊，則其形質之動而爲百體之用者，利用不利用，亦殊。知覺云者，如寐而寤曰覺，心之所通曰知，百體皆能覺，而心之知覺爲大。凡相忘於習則不覺，見異焉乃覺。魚相忘於水，其非生於水者不能相忘於水也，則覺不覺亦有殊致矣。聞蟲鳥以爲候，聞雞鳴以爲辰，彼之感而覺，覺而聲應之，又覺之殊致有然矣。無非性使然也。若夫烏之反哺，雎鳩之有別，蜂蟻之知君臣，豺之祭獸，獺之祭魚，合於人之所謂仁義者矣，而各由性成。人則能擴充其知至於神明，仁義禮智無不全也。仁義禮智非他，心之明之所止也，知之極其量也。知覺運動者，人物之生；知覺運動之所以異者，人物之殊其性。孟子曰，「心之所同然者，謂理也，義也。聖人先得我心之所同然耳。」於義外之說必致其辨，言理義之爲性，非言性之爲理。性者，血氣心知本乎陰陽五行，人物莫不區以別焉，是也，而理義者，人之心知有思輒通，能不惑乎所行也。孟子道性善，言必稱堯舜，非謂盡人生而堯舜也。自堯舜而下，其等差凡幾，則其氣稟固不齊，豈得謂非性有不同然？人之心知，於人倫日用，隨在而知惻隱，知羞惡，知恭敬辭讓，知是非，端緒可舉，此之謂性善。於其知惻隱，則擴而充之，仁無不盡；於其知羞惡，則擴而充之，義無不盡；於其知恭敬辭讓，則擴而充之，禮無不盡；於其知是非，則擴而充之，智無不盡。仁，義，禮，智，懿德之目也。孟子言今人乍見孺子將入井，皆有怵惕惻隱之心。然則所謂惻隱，所謂仁者，非心知之外別如有物焉藏於心也。已知懷生而畏死，故怵惕於孺子之危，惻隱於孺子之死。使無懷生畏死之心，又焉有怵惕惻隱之心？推之羞惡，辭讓，是非，亦然。使飲食男女與夫感於物而動者，脫然無之，以歸於靜，歸於一，又焉有羞惡，有辭讓，有是非？此可以明仁義禮智非他，不過懷生畏死，飲食男女，與夫感於物而動者之皆不可脫然無之，以歸於靜，歸於一，而待人之心知異於禽獸，能不惑乎所行，卽爲懿德耳。古賢聖所謂仁義禮智，不求於所謂欲之外，不離乎血氣心知。而後儒以爲別如有物，湊泊附著以爲性；由雜乎老莊釋氏之言，終昧於六經孔孟之言故也。孟子言人無有不善，以「人之心知異於禽獸，能不惑乎所行」之爲善。且其所謂善也，初非無等差之善，卽孔子所云相近。孟子所謂「苟得其養，無物不長；苟失其養，無物不消」所謂「求則得之，舍則失之；或相倍蓰而無算者，不能盡其才者也，」卽孔子所云習至於相遠。不能盡其才，言不擴充其心知而長惡遂非也。彼悖乎禮義者，亦自知其失也。是人無有不善，以長惡遂非，故性雖善，不乏小人。孟子所謂梏之反覆，違禽獸不遠，卽孔子所云下愚之不移。後儒未審其文義，遂彼此扞格。孟子曰，「如使口之於味也，其性與人殊，若犬馬之與我不同類也，則天下何耆皆從易牙之於味也？」又言，「動心忍性」是孟子矢口言之，無非血氣心知之性。孟子言性，曷嘗自岐爲二哉？二之者，宋儒也。

二二

問，凡血氣之屬，皆有精爽，而人之精爽可進於神明。論語稱上智與下愚不移，此不待習而相遠者。雖習，不足以移之。豈下愚之精爽與物等歟？

曰，生而下愚，其人難與言理義，由自絕於學，是以不移。然苟畏威懷惠，一旦觸於所畏所懷之人，啟其心而憬然覺寤，往往有之。苟悔而從善，則非下愚矣。加之以學，則日進於智矣。以不移定為下愚，又往往在知善而不為，知不善而為之者，故曰不移，不曰不可。雖古今不乏下愚，而其精爽幾與物等者，亦究異於物，無不可移也。

二三

問，孟子之時，因告子諸人紛紛各立異說，故直以性善斷之。孔子但言相近，意在於警人慎習，非因論性而發，故不必直斷曰善歟？

曰，然。古賢聖之言，至易知也。如古今之常語，凡指斥下愚者，矢口言之，每曰此無人性；稍舉其善端，則曰此猶有人性。以人性為善稱，是不言性者，其言皆協於孟子，而言性者，轉失之。無人性，即所謂人見其禽獸也。有人性，即相近也，善也。論語言相近，正見人無有不善。若不善，與善相反，其遠已縣絕，何近之有？分別性與習，然後有不善，而不可以不善歸性。凡得養失養，及陷溺梏亡，咸屬於習。至下愚之不移，則生而蔽錮，其明善也難，而流爲惡也易。究之性能開通，非不可移，視禽獸之不能開通，亦異也。

二四

問，孟子言性，舉仁義禮智四端，與孔子之舉智愚，有異乎？

曰，人之相去，遠近明昧，其大較也。學則就其昧焉者牖之明而已矣。人雖有智有愚，大致相近；而智愚之甚遠者蓋鮮。智愚者，遠近等差殊科，而非相反；善惡則相反之名，非遠近之名。知人之成性其不齊在智愚，亦可知任其愚而不學不思，乃流爲惡。愚，非惡也。人無有不善，明矣。舉智而不及仁，不及禮義者，智於天地人物事爲，咸足以知其不易之則。仁有不至，禮義有不盡，可謂不易之則哉？發明孔子之道者，孟子也，無異也。

二五

此條略同於緒言中第一條

問，孟子言性善，門弟子如公都子已列三說，茫然不知性善之是而三說之非。荀子在孟子後，直以爲性惡而伸其崇禮義之說。荀子既知崇禮義，與老子言「禮者忠信之薄而亂之首」及告子外義所見懸殊；又聞孟子性善之辨，於孟子言「聖人先得我心之所同然，」亦必聞之矣，而猶與之異，何也？

曰，荀子非不知人之可以爲聖人也。其言性惡也，曰，「塗之人可以爲禹。塗之人者，皆內可以知父子之義，外可以知君臣之正。其可以知之質，可以能之具，在塗之人，其可以爲禹，明矣。使塗之人伏術爲學，專心一志，思索熟察，加日懸久，積善而不息，則通於神明，參於天地矣。故聖人者，人之所積而致也。聖可積而致，然而皆不可積，何也？可以而不

依世德堂本荀子校增爲字删可字此文删節甚多緒言引不誤

可使也。涂之人可以爲禹，則然。涂之人能爲禹，未必然也。雖不能爲（孔刻本脱爲字。依世德堂本荀子增。緒言引不誤。）禹，無害可以爲禹。」此於性善之說，不惟不相悖，而且若相發明。終斷之曰，「足可以徧行天下；然而未嘗有能徧行天下者也。能不能之與可不可，其不同，（同字上孔刻本衍可字。依世德堂本荀子删。緒言引不誤。）遠矣。」蓋荀子之見歸重於學，而不知性之全體。其言出於尊聖人，出於重學，崇禮義。首之以勸學篇，有曰，「誦數以貫之，思索以通之，爲其人以處之，除其害者以持養之。」又曰，「積善成德，神明自得，聖心循焉。」荀子之善言學如是。且所謂通於神明，參於天地者，又知禮義之極致，聖人與天地合其德在是。聖人復起，豈能易其言哉？而於禮義與性，卒視若閡隔不可通，以聖人異於常人，以禮義出於聖人之心，常人學然後能明禮義；若順其性之自然，則生爭奪；以禮義爲制其性，去爭奪者也，因性惡而加矯揉之功，使進於善，故貴禮義。苟順其自然而無爭奪，安用禮義爲哉？又以禮義雖人皆可以知，可以能，聖人雖人之可積而致，然必由於學。弗學而能，乃屬之性；學而後能，弗學雖可以而不能，不得屬之性。此荀子立說之所以異於孟子也。

二六

問，荀子於禮義與性，視若閡隔而不可通，其蔽安在？今何以決彼之非而信孟子之是？

曰，荀子知禮義爲聖人之教，而不知禮義亦出於性；知禮義爲明於其必然，而不知必然乃自然之極則，適以完其自然也。就孟子之書觀之，明理義之爲性，舉仁義禮智以言性者，以爲亦出於性之自然，人皆弗學而能，學以擴而充之耳。荀子之重學也，無於內而取於外。孟子之重學也，有於內而資於外。夫資於飲食能爲身之營衛血氣者，所資以養者之氣，與其身本受之氣，原於天地，非二也。故所資雖在外，能化爲血氣以益其內。未

此條與緒言中第二條相同僅異幾個字

有內無本受之氣與外相得，而徒資焉者也。問學之於德性，亦然。有己之德性，而問學以通乎古賢聖之德性。是資於古賢聖所言德性，裨益己之德性也。冶金若水，而不聞以金益水，以水益金。豈可云己本無善，己無天德，而積善成德，如器之受水哉？以是斷之，荀子之所謂性，孟子非不謂之性，然而荀子舉其小而遺其大也，孟子明其大而非舍其小也。

二七

問，告子言生之謂性，言性無善無不善，言食色性也，仁內義外，朱子以爲同於釋氏。（朱子云，生指人物之所以知覺運動者而言，與近世佛氏所謂作用是性者略相似。又云，告子以人之知覺運動者爲性，故言人之甘食悅色者即其性。）其杞柳湍水之喩，又以爲同於荀揚。（朱子於杞柳之喩云，如荀子性惡之說。於湍水之喩云，近於揚子善惡混之說。）然則荀揚亦與釋氏同歟？

曰，否。荀揚所謂性者，古今同謂之性，即後儒稱爲氣質之性者也。但不當遺理義而以爲惡耳。在孟子時，則公都子引或曰性可以爲善，可以爲不善；或曰有性善，有性不善。言不同而所指之性同。荀子見於聖人生而神明者不可概之人人，其下皆學而後善，順其自然則流於惡；故以惡加之。論似偏，與「有性不善」合。然謂禮義爲聖心，是聖人之性獨善，實兼公都子兩引或曰之說。揚子見於長善則爲善人，長惡則爲惡人，故曰，人之性也善惡混。又曰，學則正，否則邪。與荀子論斷似參差而匪異。韓子言性之品，有上中下三。上焉者，善焉而已矣；中焉者，可導而上下也；下焉者，惡焉而已矣。此即公都子兩引或曰之說，會通爲一。朱子云，「氣質之性固有美惡之不同矣，然以其初而言，皆不甚相遠也。但習於善則善，習於惡則惡，於是始相遠耳。人之氣質相近之中又有美惡一定，而非習之所能移也。」直會通公都子兩引或曰之說解論語矣。程子云，「有自幼而善，有自幼而惡，是氣稟有然也。善固性也，然惡亦不可不謂之性也。」（朱子語類，問惡是氣稟，如何云亦不可不謂之性。曰，既是氣稟，惡便牽引得那性不好。蓋性止是搭附在氣稟上。既是氣稟不好，便和那性壞了。又云，

兼字以上與緒言中第三條相同

如水爲泥沙所混，不成不喚做水。）此與「有性善，有性不善」合；而於「性可以爲善可以爲不善」亦未嘗不兼。特彼仍其性之名，此別之曰氣稟耳。程子又云，「人生而靜以上不容說。纔說性時，便已不是性也」。朱子釋之云，「人生而靜以上，是人物未生時，止可謂之理，未可名爲性。所謂在天曰命也。纔說性時，便是人生以後，此理已墮在形氣中，不全是性之本體矣。所謂在人曰性也」。據樂記，「人生而靜」與「感於物而動」對言之，謂方其未感，非謂人物未生也。中庸「天命之謂性」，謂氣稟之不齊，各限於生初，非以理爲在天在人異其名也。況如其說，是孟子乃追遡人物未生未可名性之時而曰性善。若就名性之時，已是人生以後，已墮在形氣中，安得斷之曰善？由是言之，將天下古今惟上聖之性不失其性之本體，自上聖而下語人之性皆失其性之本體！人之爲人，舍氣稟氣質將以何者謂之人哉？是孟子言「人無有不善」者，程子朱子言人無有不惡。其視理儼如有物，以善歸理，雖顯遵孟子性善之云，究之孟子就人言之者，程朱乃離人而空論夫理！故謂孟子論性不論氣不備。若不視理如有物，而其見於氣質不善，卒難通於孟子之直斷曰善。宋儒立說似同於孟子而實異，似異於荀子而實同也。孟子不曰性無有不善，而曰人無有不善。性者，飛潛動植之通名。性善者，論人之性也。如飛潛動植舉凡品物之性，皆就其氣類別之。人物分於陰陽五行以成性，舍氣類更無性之名。醫家用藥，在精辨其氣類之殊；不別其性，則能殺人。使曰此氣類之殊者已不是性，良醫信之乎？試觀之桃與杏，取其核而種之，萌芽甲坼，根幹枝葉，爲華爲實，形色臭味，桃非杏也，杏非桃也，無一不可區別。由性之不同，是以然也。其性存乎核中之白，(卽俗呼桃仁杏仁者。)形色臭味無一或闕也。凡植禾稼卉木，畜鳥獸蟲魚，皆務知其性。知其性者，知其氣類之殊，乃能使之碩大蕃滋也。何獨至於人而指夫分於陰陽五行以成性者曰，此已不是性也？豈其然哉？自古及今，統人與百物之性以爲言，氣類各殊是也。專言乎血氣之倫，不獨氣類各殊，而知覺亦殊。人以有禮義異於禽獸，實人之知覺大遠乎物則然。此孟子所謂性善；而荀子視禮義爲常人心知所不及，故別而歸之聖人；程子朱子見於生知安行者罕覩，謂氣質不得概之曰善，荀揚之見固如是也。特以如此則悖於孟子，故截氣質爲一性，言君子不謂之性；截理義爲一性，別而歸之天，以附合孟子。其歸之天不歸之聖人者，以理爲人與我，是理者我之本無也；以理爲天與我，庶幾湊泊附著，可融爲一。是借天爲說，聞者不復疑於本無，遂信天與之得爲本有耳。彼荀子見學之不可以已，非本無，何待於學？而程子朱子亦見學之不可以已，其本有者，何以又待於學？故謂爲氣質所汚壞，以便於言本有者之轉而如本無也。於是性之名移而加之理，而氣化生人生物適以病性。性譬水之清，因地而汚濁。（程子云，有流而至海，終無所汚，此何煩人力之爲也？有流而未遠，固已漸濁，有出而甚遠，方有所濁；有濁之多者，有濁之少者。清濁雖不同，然不可以濁者不爲水也。如此，則人不可以不加澄治之功。故用力敏勇則疾清，用力緩怠則遲清。及其清也，則卻止是元初水也。亦不是將清來換卻濁，亦不是取出濁來置在一隅也。水之清，則性善之謂也）不過從老莊釋氏所謂眞宰眞空者之受形以後，昏昧於欲，而改變此論眞透闢無比宋學與清學之大別在此清學重在致知似與程朱一派相近固也然程朱終不免爲佛道的傳統觀念所誤一方面講致知同時仍不能放棄主敬而主敬之念往往籠罩致知之說遂使致知之目的不爲求知以擴充心

其說。特彼以眞宰眞空爲我，形體爲非我；此仍以氣質爲我，難言性爲非我，則惟歸之天與我，而後可謂之我有；亦惟歸之天與我，而後可爲完全自足之物，斷之爲善；惟使之截然別於我，而後雖天與我完全自足，可以咎我之壞之，而待學以復之。以水之清喻性，以受汚而濁喻性墮於形氣中汚壞，以澄之而清喻學：水靜則能清，老莊釋氏之主於無欲，主於靜寂是也。因改變其說爲主敬，爲存理，依然釋氏教人認本來面目，教人常惺惺之法。若夫古賢聖之由博學審問愼思明辨篤行以擴而充之者，豈徒澄清已哉？程子朱子於老莊釋氏既入其室，操其矛矣，然改變其言以爲六經孔孟如是；按諸荀子差近之，而非六經孔孟也。

二八

問，孟子曰，「口之於味也，目之於色也，耳之於聲也，鼻之於臭也，四肢之於安佚也：

知而爲存理而爲澄清而爲復初八百年來至戴氏始直揭穿此單

性也。有命焉，君子不謂性也。仁之於父子也，義之於君臣也，禮之於賓主也，智之於賢者也，聖人之於天道也：命也。有性焉，君子不謂命也。」宋儒以氣質之性非性，其說本此。張子云，「形而後有氣質之性。善反之，則天地之性存焉。故氣質之性，君子有弗性者焉。」程子云，「論性不論氣，不備。論氣不論性，不明。」在程朱以理當孟子之所謂善者，而譏其未備。（朱子云，孟子說性善，是論性不論氣；荀揚而下，是論氣不論性。孟子終是未備，所以不能杜絕荀揚之口。然不備，但少欠耳；不明，則大害矣。）然於聲色臭味安佚之爲性，不能謂其非指氣質，則以爲據世之人云爾。（朱子云，世之人以前五者爲性，以後五者爲命。）於性相近之言，不能謂其非指氣質，是世之人同於孔子，而孟子別爲異說也。朱子答門人云，「氣質之說起於張程。韓退之原性中說三品，但不曾分明說是氣質之性耳。孟子謂性善，但說得本原處，下面不曾說得氣質之性，所以亦費分疏。諸子說性惡與善惡混。使張程之說早出，則許多說話自不用紛爭。」是又以荀揚韓同於孔子。至告子亦屢援性相近以證其生之謂性之說，將使告子分明說是氣質之性，孟子不得而辯之矣？孔子亦未云氣質之性，豈猶夫告子？猶夫荀揚之「論氣不論性不明」歟？程子深訾荀揚不識性，（程子云，荀子極偏駁，止一句性惡大本已失。揚子雖少過，然亦不識性，便說甚道？）以自伸其謂性卽理之異於荀揚。獨性相近一言見論語，程子雖曰「理無不善，何相近之有？」而不敢以與荀揚同譏。苟非孔子之言，將譏其人不識性矣。今以孟子與孔子同，程朱與荀揚同，孔孟皆指氣稟氣質而人之氣稟氣質異於禽獸，心能開通，行之不失，卽謂之禮義。程朱以理爲如有物焉，實雜乎老莊釋氏之言。然則程朱之學殆出老釋而入荀揚，其所謂性，非孔孟之所謂性；其所謂氣質之性，乃荀揚之所謂性歟？

曰，然。人之血氣心知，原於天地之化者也。有血氣則所資以養其血氣者，聲色臭味是也。有心知則知有父子，有昆弟，有夫婦；而不止於一家之親也，於是又知有君臣，有朋友。五者之倫相親相治，則隨感而應爲喜怒哀樂。合聲色臭味之欲，喜怒哀樂之情，而人

此一段見緒言上頁二四

道。備。欲根於血氣，故曰性也。而有所限而不可踰，則「命」之謂也。仁義禮智之懿，不能盡人如一者，限於生初所謂命也。而皆可以擴而充之，則人之性也。「謂」猶云藉口於性耳。君子不藉口於性以逞其欲，不藉口於命之限之而不盡其材。後儒未詳審文義，失孟子立言之指；「不謂性」非不謂之性，「不謂命」非不謂之命。由此言之，孟子之所謂性，即口之於味，目之於色，耳之於聲，鼻之於臭，四肢於安佚之爲性。所謂人無有不善，即能知其限而不踰之爲善，即血氣心知能底於無失之爲善。所謂仁義禮智，即以名其血氣心知（所謂原於天地之化者）之能協於天地之德也。此荀揚之所未達，而老莊告子釋氏昧焉而妄爲穿鑿者也。

卷下

才

二九

才者，人與百物各如其性以爲形質，而知能遂區以別焉，孟子所謂「天之降才」是也。氣化生人生物，據其限於所分而言謂之命，據其爲人物之本始而言謂之性，據其體質而言謂之才。由成性各殊，故才質亦殊。才質者，性之所呈也。舍才質，安覩所謂性哉？以人物譬之器，才則其器之質也。分於陰陽五行而成性各殊，則才質因之而殊。猶金錫之在冶，冶金以爲器，則其器金也；冶錫以爲器，則其器錫也。品物之不同如是矣。從而察之，金錫之精良與否，其器之爲質，一如乎所冶之金錫。一類之中又復不同如是矣。爲金

此條與下條在緒言內爲一條（中六—十一）文多不同此爲定本而緒言則初稿也

爲錫，及其金錫之精良與否，性之喩也。其分於五金之中，而器之所以爲器卽於是乎限，命之喩也。就器而別之，孰金孰錫，孰精良與孰否，才之喩也。故才之美惡，於性無所增，亦無所損。夫金錫之爲器，一成而不變者也。人又進乎是。自聖人而下，其等差凡幾？或疑人之才非盡精良矣，而不然也。猶金之五品而黃金爲貴，雖其不美者莫與之比貴也。況乎人皆可以爲賢爲聖也？後儒以不善歸氣禀，孟子所謂性，所謂才，皆言乎氣禀而已矣。其禀受之全，則性也。其體質之全，則才也。禀受之全，無可據以爲言。如桃杏之性全於核中之白，形色臭味無一弗具，而無可見。及萌芽甲坼，根幹枝葉，桃與杏各殊，由是爲華爲實，形色臭味無不區以別者。雖性則然，皆據才見之耳。成是性，斯爲是才。別而言之，曰命，曰性，曰才；合而言之，是謂天性。故孟子曰，「形色，天性也。惟聖人然後可以踐形。」人物成性不同，故形色各殊。人之形官器利用大遠乎物，然而於人之道不能無失，是不踐此形也。猶言之而行不逮，是不踐此言也。踐形之與盡性，盡其才，其義一也。

三十

問，孟子答公都子曰，「乃若其情，則可以爲善矣。乃所謂善也。若夫爲不善，非才之罪也。」朱子云，「情者，性之動也。」又云，「惻隱羞惡辭讓是非，情也。仁義禮智，性也。心，統性情者也。因其情之發而性之本然可得而見。」夫公都子問性，列三說之與孟子言性善異者，乃舍性而論情，偏舉善之端爲證。彼荀子之言性惡也，曰，「今人之性，生而有好利焉，順是，故爭奪生而辭讓亡焉；生而有疾惡焉，順是，故殘賊生而忠信亡焉；生而有耳目之欲，有好聲色焉，順是，故淫亂生而禮義文理亡焉。然則從人之性，順人之情，必出於爭奪，合於犯分亂理，而歸於暴。故必將有師法之化，禮義之導，然後出於辭讓，合於文理而歸於治。用此觀之，然則人之性惡明矣。」是荀子證性惡，所舉者亦情也，安見孟子之得而荀子之失歟？

曰，人生而後有欲，有情，有知。三者，血氣心知之自然也。給於欲者，聲色臭味也。而因有愛畏。發乎情者，喜怒哀樂也。而因有慘舒。辨於知者，美醜是非也。而因有好惡。聲色臭味之欲，資以養其生；喜怒哀樂之情，感而接於物；美醜是非之知，極而通於天地鬼神。聲色臭味之愛畏以分，五行生克爲之也。喜怒哀樂之慘舒以分，時遇順逆爲之也。美醜是非之好惡以分，志慮從違爲之也。是皆成性然也。有是身，故有聲色臭味之欲；有是身，而君臣父子夫婦昆弟朋友之倫具，故有喜怒哀樂之情。惟有欲有情，而又有知，然後欲得遂也，情得達也。天下之事，使欲之得遂，情之得達，斯已矣。惟人之知，小之能盡美醜之極致，大之能盡是非之極致；然後遂己之欲者，廣之能遂人之欲；達己之情者，廣之能達人之情。道德之盛，使人之欲無不遂，人之情無不達，斯已矣。欲之失爲私，私則貪邪隨之矣。情之失爲偏，偏則乖戾隨之矣。知之失爲蔽，蔽則差謬隨之矣。不私，則其欲皆仁也，皆禮義也。不偏，則其情必和易而平恕也。不蔽，則其知乃所謂聰明聖智也。孟子舉惻隱羞惡辭讓是非之心，謂之心，不謂之情。首云「乃若其情」，非性情之情也。孟子不又云乎？「人見其禽獸也，而以爲未嘗有才焉，是豈人之情也哉？」情猶素也，實也。孟子於性本以爲善，而此云「則可以爲善矣。」「可」之爲言，因性有等差，而斷其善則未見不可也。下云「乃所謂善也，」對上「今曰性善」之文。繼之云，「若夫爲不善，非才之罪也。」爲，猶成也。卒之成爲不善者，陷溺其心，放其良心，至於梏亡之盡，違禽獸不遠者也。言才則性見，言性則才見。才於性無所增損，故也。人之性善，故才亦美。其往往不美，未有非陷溺其心使然。故曰，非天之降才爾殊。才可以始美而終於不美，由才失其才也，不可謂性始善而終於不善。性以本始言，才以體質言也。體質戕壞，究非體質之罪，又安可咎其本始哉？倘如宋儒言性卽理，言人生以後此理已墮在形氣之中，不全是性之本體矣。以孟子言性於陷溺梏亡之後，人見其不善，猶曰非才之罪者，宋儒於天之降才卽罪才也。

此條與緒言全同（中十一—十二）才皆作材

三一

問，天下古今之人，其才各有所近，大致近於純者，慈惠忠信，謹原和平，見善則從，而恥不善；近於清者，明達廣大，不惑於疑似，不滯於習聞，其取善去不善亦易。此或不能相兼，皆才之美者也。才雖美，猶往往不能無偏私。周子言性云：「剛善爲義，爲直，爲斷，爲嚴毅，爲幹固；惡爲猛，爲隘，爲強梁。柔善爲慈，爲順，爲巽；惡爲懦弱，爲無斷，爲邪佞。」而以聖人然後協於中。此亦就才見之而明舉其惡。程子云：「性無不善，而有不善者，才也。性即理。理則自堯舜至於塗人，一也。才稟於氣，氣有清濁，稟其清者爲賢，稟其濁者爲愚。」此以不善歸才，而分性與才爲二本。朱子謂其密於孟子，（朱子云，程子此說才字與孟子本文小異。蓋孟子專指其發於性者言之，故以爲才無不善。程子專指其稟於氣者言之，則人之才固有昏明強弱之不同矣。二說雖殊，各有所當。然以事理考之，程子爲密。）猶之譏孟子論性不論氣不備，皆足證宋儒雖尊孟子，而實相與齟齬。然如周子所謂惡者，豈非才之罪歟？

曰，此偏私之害，不可以罪才，尤不可以言性。孟子道性善。成是性斯爲是才，性善則才亦美，然非無偏私之爲善爲美也。人之初生，不食則死；人之幼稚，不學則愚。食以養其生，充之使長；學以養其良，充之至於賢人聖人。其故一也。才雖美，譬之良玉，成器而寶之，氣澤日親，久能發其光，可寶加乎其前矣。剝之蝕之，委棄不惜，久且傷壞無色，可寶減乎其前矣。又譬之人物之生，皆不病也。其後百病交侵，若生而善病者，或感於外而病，或受損於內身之陰陽五氣勝負而病。指其病，則皆發乎其體，而曰天與以多病之體，不可也。如周子所稱猛隘強梁懦弱無斷邪佞，是摘其才之病也。才雖美，失其養則然。孟子豈未言其故哉？因於失養，不可以是言人之才也。夫言才猶不可，況以是言性乎？

此條分別天道人道甚明

道

三二

人道，人倫日用身之所行皆是也。在天地，則氣化流行，生生不息，是謂道。在人物，則凡生生所有事，亦如氣化之不可已，是謂道。易曰，「一陰一陽之謂道。繼之者，善也。成之者，性也。」言由天道以有人物也。大戴禮記曰，「分於道謂之命，形於一謂之性。」言人物分於天道，是以不齊也。中庸曰，「天命之謂性，率性之謂道。」言日用事爲皆由性起，無非本於天道然也。中庸又曰，「君臣也，父子也，夫婦也，昆弟也，朋友之交也：五者天下之達道也。」言身之所行，舉凡日用事爲，其大經不出乎五者也。孟子稱契爲司徒，教以人倫：父子有親，君臣有義，夫婦有別，長幼有序，朋友有信。此即中庸所言脩道之謂教也。

此有「天地不仁」之意但不敢明說

曰性，曰道，指其實體實事之名。曰仁，曰禮，曰義，稱其純粹中正之名。人道本於性，而性原於天道。天地之氣化，流行不已，生生不息；然而生於陸者入水而死，生於水者離水而死，生於南者習於溫而不耐寒，生於北者習於寒而不耐溫：此資之以爲養者，彼受之以害生。天地之大德曰生，物之不以生而以殺者，豈天地之失德哉？故語道於天地，舉其實體實事而道自見。「一陰一陽之謂道，」「立天之道曰陰與陽，立地之道曰柔與剛，」是也。人之心知有明闇，當其明則不失；當其闇則有差謬之失。故語道於人，人倫日用，咸道之實事。「率性之謂道，」「脩身以道，」「天下之達道五，」是也。此所謂道，不可不脩者也。「脩道以仁，」及「聖人脩之以爲教，」是也。其純粹中正，則所謂「立人之道曰仁與義，」所謂「中節之爲達道，」是也。中節之爲達道，純粹中正，推之天下而準也。君臣，父子，夫婦，昆弟，朋友之交五者爲達道，但舉實事而已。智仁勇以行之，而後純粹中正。然而即謂之達道者，達諸天下而不可廢也。易言天道，而下及人物，不徒曰「成之者性，」而先曰「繼之者善。」一繼謂人物於天地，其善固繼承不隔者也。善者，稱其純粹中正之名；性者，指其實體實事之名。一事之善，則一事合於天。成性雖殊，而其善也則一。善，其必然也；性，其自然也。歸於必然，適完其自然，此之謂自然之極致。天地人物之道於是乎盡。在天道不分言，而在人物分言之始明。易又曰，「仁者見之謂之仁，智者見之謂之智，百姓日用而不知，故君子之道鮮矣。」言限於成性而後不能盡斯道者衆也。

三三

問，宋儒於命於性於道，皆以理當之，故云「道者，日用事物當行之理。」既爲當行之理，則於脩道不可通，故云「脩，品節之也。」而於「脩身以道，脩道以仁」兩脩字，不得有異，但云「能仁其身」，而不置解。於「達道五」舉孟子所稱教以人倫者實之，其失中庸之本指甚明。中庸又言，「道也者，不可須臾離也。」朱子以此爲存理之說，不使離於須臾之頃。王文成云，「養德養身，止是一事。果能戒愼不睹，恐懼不聞，而專志於是，則神住，氣住，精住，而仙家所謂長生久視之說，亦在其中矣。」又云，「佛氏之常惺惺，亦是常存他本來面目耳。」程子朱子皆求之於釋氏有年，如王文成之言，乃其初所從事，後轉其說以常存本來面目者爲常存天理，故於常惺惺之云無所改，反以戒愼恐懼四字爲失之重。（朱子云，心旣常惺惺，而以規矩繩檢之，此內外相養之道也。又云，著戒愼恐懼四字，已是壓得重了。要之止略綽提撕，令自省覺便是。）

然則中庸言道不可離者，其解可得聞歟？

曰，出於身者，無非道也，故曰不可須臾離，可離非道。「可」如體物而不可遺之可。凡有所接於目而睹，人亦知戒愼其儀容也。有所接於耳而聞，人亦知恐懼夫愆失也。無接於目接於耳之時，或惰慢矣。惰慢之身，卽不得謂之非失道。道者，居處，飮食，言動，自身而周於身之所親，無不該焉也。故曰脩身以道。道之責諸身，往往易致差謬，故又曰脩道以仁。此由脩身而推言脩道之方，故舉仁義禮以爲之準則。下言達道而歸責行之之人，故舉智仁勇以見其能行。脩道以仁因及義，因又及禮，而不言智，非遺智也，明乎禮義卽智也。智仁勇三者天下之達德，而不言義禮，非遺義遺禮也，智所以知義所以知禮也。仁義禮者，道於是乎盡也。智仁勇者，所以能盡道也。故仁義禮無等差；而智仁勇存乎其人，有生知安行，學知利行，困知勉行之殊。古賢聖之所謂道，人倫日用而已矣。於是而求其無失，則仁義禮之名因之而生。非仁義禮有加於道也。於人倫日用行之無失，如是之謂仁，如是之謂義，如是之謂禮而已矣。宋儒合仁義禮而統謂之理，視之如有物焉，得於天而具於心，因以此爲形而上，爲沖漠無朕；以人倫日用爲形而下，爲萬象紛羅；蓋由老莊釋氏之舍人倫日用而別有所貴道，遂轉之以言夫理。在天地則以陰陽不得謂之道；在人物則以氣稟不得謂之性，以人倫日用之事不得謂之道。六經孔孟之言，無與之合者也。

三四

問，中庸曰，「道之不行也，我知之矣。智者過之，愚者不及也。道之不明也，我知之矣。賢者過之，不肖者不及也。」朱子於智者云，「知之過，以道爲不足行。」於賢者云，「行之過，以道爲不足知。」旣謂之道矣，以爲不足行，不足知，必無其人。彼智者之所知，賢者之所行，又何指乎？中庸以道之不行屬智愚，不屬賢不肖；以道之不明屬賢不肖，不屬智愚，其意安在？

曰，智者自負其不惑也，往往行之多謬。愚者之心惑闇，宜乎動輒愆失。賢者自信其出於正，不出於邪，往往執而鮮通。不肖者陷溺其心，雖覩夫事之宜，而長惡遂非，與不知等。然智愚賢不肖豈能越人倫日用之外者哉？故曰，「人莫不飲食也，鮮能知味也。」飲食喻人倫日用，知味喻行之無失。使舍人倫日用以爲道，是求知味於飲食之外矣。就人。

倫日用舉凡出於身者，求其不易之則，斯仁至義盡而合於天。人倫日用，其物也。曰仁，曰義，曰禮，其則也。專以人倫日用舉凡出於身者謂之道，故曰「脩身以道，脩道以仁」，分物與則言之也。中節之爲達道，中庸之爲道，合物與則言也。

三五

問，顏淵喟然歎曰，「仰之彌高，鑽之彌堅；瞻之在前，忽焉在後。」公孫丑曰，「道則高矣美矣，宜若登天然，似不可及也。何不使彼爲可幾及而日孳孳也？」今謂人倫日用舉凡出於身者謂之道，但就此求之，得其不易之則，可矣。何以茫然無據又若是歟？

曰，孟子言「夫道若大路然，豈難知哉？」謂人人由之。如爲君而行君之事，爲臣而行臣之事，爲父爲子而行父之事，行子之事，皆所謂道也。君不止於仁，則君道失；臣不止於敬，則臣道失；父不止於慈，則父道失；子不止於孝，則子道失。然則盡君道，臣道，父道，子道，非智仁勇不能也。質言之，曰達道，曰達德；精言之，則全乎智仁勇者，其盡君道，臣道，父道，子道，舉其事而亦不過謂之道。故中庸曰，「大哉聖人之道！洋洋乎！發育萬物，峻極於天！優優大哉！禮儀三百，威儀三千，待其人而後行！」極言乎道之大如是，豈出人倫日用之外哉？以至道歸之至德之人，豈下學所易窺測哉？今以學於聖人者視聖人之語言行事，猶學弈於弈秋者莫能測弈秋之巧也，莫能遽幾及之也。顏子之言又曰，「夫子循循然善誘人，博我以文，約我以禮。」中庸詳舉其目曰，博學，審問，愼思，明辨，篤行；而終之曰，「果能此道矣，雖愚必明，雖柔必強。」蓋循此道以至乎聖人之道，實循此道以日增其智，日增其仁，日增其勇也，將使智仁勇齊乎聖人。其日增也有難有易，譬之學一技一能，其始日異而月不同；久之，人不見其進矣；又久之，己亦覺不復能進矣。人雖以國工許之，而自知未至也。顏子所以言「欲罷不能，既竭吾才，如有所立，卓爾。雖欲從之，末由也已！」此顏子之所至也。

仁義禮智

三六

仁者，生生之德也。「民之質矣，日用飲食」，無非人道所以生生者。一人遂其生，推之而與天下共遂其生，仁也。言仁可以賅義，使親愛長養不協於正大之情，則義有未盡，亦即爲仁有未至。言仁可以賅禮，使無親疏上下之辨，則禮失而仁亦未爲得。且言義可以賅禮，言禮可以賅義。先王之以禮教，無非正大之情；君子之精義也，斷乎親疏上下，不爽幾微。而舉義舉禮，可以賅仁，又無疑也。舉仁義禮可以賅智。智者，知此者也。易曰，「立人之道，曰仁與義。」而中庸曰，「仁者，人也，親親爲大。義者，宜也，尊賢爲大。親親之殺，尊賢之等，禮所生也。」益之以禮，所以爲仁至義盡也。語德之盛者，全乎智仁而已矣。而中庸曰，「智仁勇三者，天下之達德也。」益之以勇，蓋德之所以成也。就人倫日用，究其精微之極致，曰仁，曰義，曰禮，合三者以斷天下之事，如權衡之於輕重，於仁無憾，於禮義不愆，而道盡矣。若夫德性之存乎其人，則曰智，曰仁，曰勇，三者，才質之美也。因才質而進之以學，皆可至於聖人。自人道遡之天道，自人之德性遡之天德，則氣化流行，生生不息，仁也；由其生生有自然之條理，觀於條理之秩然有序，可以知禮矣；觀於條理之截然不可亂，可以知義矣。在天爲氣化之生生，在人爲其生生之心，是乃仁之爲德也。在天爲氣化推行之條理，在人爲其心知之通乎條理而不紊，是乃智之爲德也。惟條理，是以生生；條理苟失，則生生之道絕。凡仁義對文，及智仁對文，皆兼生生條理而言之者也。

三七

問，論語言「主忠信」，言「禮，與其奢也，寧儉；喪，與其易也，寧戚。」子夏聞繪事後素，而曰，禮後乎？朱子云，「禮以忠信爲質」，引記稱忠信之人可以學禮，證之。老氏直言，「禮者，忠信之薄，而亂之首。」指歸幾於相似。然論語又曰，「十室之邑，必有忠信如丘者焉，不如丘之好學也。」曰，「克己復禮，爲仁。」中庸於禮以知天言之。孟子曰，「動容周旋中禮，盛德之至也。」重學重禮如是，忠信又不足言，何也？

曰，禮者，天地之條理也。言乎條理之極，非知天不足以盡之。卽儀文度數，亦聖人見於天地之條理，定之以爲天下萬世法。禮之設，所以治天下之情，或裁其過，或勉其不及，俾知天地之中而已矣。至於人情之漓，猶飾於貌，非因飾貌而情漓也。其人情漸漓，而徒以飾貌爲禮也。非惡其飾貌，惡其情漓耳。禮以治其儉陋，使化於文；喪以治其哀戚，使遠於直情而徑行。情漓者，馳騖於奢與易，不若儉戚之於禮雖不足，猶近乎制禮所起也。故以答林放問禮之本。忠信之人可以學禮，言質美者進之於禮，無飾貌情漓之弊。忠信乃其人之質美，猶曰「苟非其人，道不虛行」也。至若老氏因俗失而欲併禮去之，意在還淳反樸，究之不能必天下盡歸淳樸。其生而淳樸者，直情徑行；流於惡薄者，肆行無忌。是同人於禽獸，率天下而亂者也。君子行禮，其爲忠信之人固不待言；而不知禮，則事事爽其條理，不足以爲君子。林放問禮之本，子夏言禮後，皆重禮而非輕禮也。詩言素以爲絢，素以喻其人之嫻於儀容；上云巧笑倩，美目盼者，其美乃益彰，是之謂絢。喻意深遠，故子夏疑之。繪事後素者，鄭康成云，「凡繪畫先布衆色，然後以素分布其間以成文。」（何平叔景福殿賦所謂班間布白，疏密有章，蓋古人畫繪定法。）其注考工記「凡畫繢之事後素功」云，「素白采也；後布之，爲其易漬汚也。」是素功後施，始五采成章爛然。貌既美而又嫻於儀容，乃爲誠美；素以爲絢之喻昭然矣。子夏觸於此言，不特於詩無疑，而更知凡美質皆宜進之以禮，斯君子所貴。若謂子夏後禮而先忠信，則見於禮亦如老氏之僅僅指飾貌情漓者所爲，與林放以飾貌情漓爲俗失者，意指懸殊。孔子安得許之？忠信由於質美，聖賢論行，固以忠信爲重，然如其質而見之行事，苟學不足，則失在知而行因之謬。雖其心無弗忠弗信，而害道多矣。行之差謬，不能知之，徒自期於心無愧者，其人忠信而不好學，往往出於此。此可以見學與禮之重矣。

誠

三八

誠，實也。據中庸言之，所實者，智仁勇也。實之者，仁也，義也，禮也。由血氣心知而語於智仁勇，非血氣心知之外別有智有仁有勇以予之也。就人倫日用而語於仁，語於禮義，舍人倫日用，無所謂仁，所謂義，所謂禮也。血氣心知者，分於陰陽五行而成性者也。故曰，「天命之謂性。」人倫日用皆血氣心知所有事，故曰「率性之謂道。」全乎智仁勇者，其於人倫日用，行之而天下覩其仁，覩其禮義，善無以加焉：「自誠明」者也。學以講明人倫日用，務求盡夫仁，盡夫禮義，則其智仁勇所至，將日增益以於聖人之德之盛：「自明誠」者也。質言之，曰人倫日用。精言之，曰仁，曰義，曰禮。所謂明善，明此者也；所謂誠身，誠此者也。質言之，曰血氣心知；精言之，曰智，曰仁，曰勇。所謂致曲，致此者也；所謂有誠，有此者也。言乎其盡道，莫大於仁，而兼及義，兼及禮。言乎其能盡道，莫大於智，而兼及仁，兼及勇。是故善之端不可勝數，舉仁義禮三者而善備矣。德性之美不可勝數，舉智仁勇三者而德備矣。曰善，曰德，盡其實之謂誠。

三九

問，中庸言「或生而知之，或學而知之，或困而知之；或安而行之，或利而行之，或勉強而行之。」朱子云，「所知所行，謂達道也。」今據上文云，「君臣也，父子也」之屬，但舉其事，卽稱之曰達道。以智仁勇行之而後爲君盡君道，爲臣盡臣道。然則所謂知之行之，宜承智仁勇之能盡道而言。中庸旣云「所以行之者三，」又云「所以行之者一也。」程子朱子以誠當其所謂一。下云，「凡爲天下國家有九經，所以行之者一也。」朱子亦謂不誠則皆爲虛文。在中庸前後皆言誠矣，此何以不言所以行之者誠也？

曰，智也者，言乎其不蔽也。仁也者，言乎其不私也。勇也者，言乎其自強也。非不蔽不私加以自強，不可語於智仁勇。旣以智仁勇行之，卽誠也。使智仁勇不得爲誠，則是不智不仁不勇，又安得曰智仁勇？下云，齊明盛服，非禮不動，所以脩身；去讒，遠色，賤貨而貴德，所以勸賢。既若此，亦卽誠也。使齊明盛服非禮不動爲虛文，則是未嘗齊明盛服非禮不動也。去讒遠色賤貨而貴德爲虛文，則是未嘗去讒，未嘗遠色，未嘗賤貨貴德也。又安得言之？其皆曰所以行之者一也，言人之才質不齊，而行達道之必以智仁勇，脩身之必以齊明盛服非禮不動，勸賢之必以去讒遠色賤貨而貴德，則無不同也。孟子答公孫丑曰，「大匠不爲拙工改廢繩墨，羿不爲拙射變其彀率。」言不因巧拙而有二法也。告滕世子曰，「夫道一而已矣。」言不因人之聖智不若堯舜文王而有二道也。蓋才質不齊，有生知安行，有學知利行，且有困知及勉強行。其生知安行者，足乎智，足乎仁，足乎勇者也。其學知利行者，智仁勇之少遜焉者也。困知勉強行者，智仁勇不足者也。中庸又曰，「及其知之，一也；及其成功，一也。」則智仁勇可自少而加多，以至乎其極。道責於身，舍是三者，無以行之矣。

權

四十

權，所以別輕重也。凡此重彼輕，千古不易者，常也。常則顯然共見其千古不易之重輕。而重者於是乎輕，輕者於是乎重，變也。變則非智之盡能辨察事情而準，不足以知之。論語曰，「可與共學，未可與適道；可與適道，未可與立；可與立，未可與權。」蓋同一所學之事，試問何爲而學，其志有去道甚遠者矣，求祿利聲名者是也。故未可與適道。道責於身，不使差謬，而觀其守道能不見奪者寡矣。故未可與立。雖守道卓然，知常而不知變，由精義未深，所以增益其心知之明，使全乎聖智者，未之盡也。故未可與權。孟子之闢楊墨也，曰，「楊墨之道不息，孔子之道不著，是邪說誣民，充塞仁義也。仁義充塞，則率獸食人，人將相食。」今人讀其書，孰知所謂率獸食人人將相食者安在哉？孟子又曰，「楊子取爲我，拔一毛而利天下，不爲也。墨子兼愛，摩頂放踵利天下，爲之。子莫執中，執中爲近之。執中無權，猶執一也。所惡執一者，爲其賊道也。舉一而廢百也。」今人讀其書，孰知無權之故，舉一而廢百之爲害至鉅哉？孟子道性善，於告子言以人性爲仁義，則曰「率天下之人而禍仁義。」今人讀其書，又孰知性之不可不明，戕賊人以爲仁義之禍何如哉？老聃莊周無欲之說，及後之釋氏所謂空寂，能脫然不以形體之養與有形之生死累其心，而獨私其所謂長生久視，所謂不生不滅者，於人物一視而同用，其慈蓋合楊墨之說以爲說。由其自私，雖拔一毛可以利天下，不爲；由其外形體，溥慈愛，雖摩頂放踵以利天下，爲之。宋儒程子朱子易老莊釋氏之所私者而貴理；易彼之外形體者而咎氣質。其所謂理，依然如有物焉，宅於心。於是辨乎理欲之分，謂不出於理，則出於欲；不出於欲，則出於理。雖視人之饑寒號呼，男女哀怨，以至垂死冀生，無非人欲！空指一絕情欲之感者，爲天理之本然，存之於心。及其應事，幸而偶中，非曲體事情求如此以安之也。不幸而事情未明，執其意見，方自信天理非人欲，而小之一人受其禍，大之天下國家受其禍。徒以不出於欲，遂莫之或寤也。凡以爲理宅於心，不出於欲則出於理者，未有不以意見爲理而禍天下者也。人之患有私有蔽，私出於情欲，蔽出於心知。無私，仁也。不蔽，智也。非絕情欲以爲仁，去心知以爲智也。是故聖賢之道無私而非無欲。老莊釋氏無欲而非無私。彼以無欲成其自私者也。此以無私通天下之情，遂天下之欲者也。凡異說皆主於無欲，不求無蔽；重行，不先重知。人見其篤行也，無欲也，故莫不尊信之。聖賢之學，由博學審問愼思明辨，而後篤行，則行者行其人倫日用之不蔽者也。非如彼之舍人倫日用，以無欲爲能篤行也。人倫日用，聖人以通天下之情，遂天下之欲，權之而分理不爽，是謂理。宋儒乃曰，

「人欲所蔽，」故不出於欲，則自信無蔽。古今不乏嚴氣正性疾惡如讎之人，是其所是，非其所非，執顯然共見之重輕，實不知有時權之而重者於是乎輕，輕者於是乎重。其是非輕重一誤，天下受其禍而不可救。豈人欲蔽之也哉？自信之理非理也。然則孟子言「執中無權，」至後儒又增一「執理無權」者矣。

四一

問，宋儒亦知就事物求理也，特因先入於釋氏，轉其所指爲神識者以指理，故視理如有物焉，不徒曰事物之理，而曰理散在事物。事物之理，必就事物剖析至微而後理得。理散在事物，於是冥心求理，謂一本萬殊；謂放之則彌六合，卷之則退藏於密。實從釋氏所云「徧見俱該法界，收攝在一微塵」者，比類得之。既冥心求理，以爲得其體之一矣，故自信無欲則謂之理，雖意見之偏亦曰出於理不出於欲。徒以理爲如有物焉，則不以為一理而不可；而事必有理，隨事不同，故又言心具衆理，應萬事。心具之而出之，非意見固無可以當此者耳。況衆理畢具於心，則一事之來，心出一理應之；易一事焉，又必易一理應之；至百千萬億，莫知紀極。心既畢具，宜可指數；其爲一，爲不勝指數，必又有說。故云「理一分殊。」然則論語兩言「一以貫之」，（孔刻本一以誤倒）朱子於語曾子者釋之云：「聖人之心渾然一理，而泛應曲當，用各不同。曾子於其用處，蓋已隨事精察而力行之，但未知其體之一耳。」此解亦必失之。二章之本義可得聞歟？

曰：一以貫之，非言以一貫之也。道有下學上達之殊致，學有識其迹與精於道之異趨。「吾道一以貫之」，言上達之道即下學之道也。「予一以貫之」，不曰予學，蒙上省文，言精於道，則心之所通，不假於紛然識其迹也。中庸曰：「忠恕違道不遠。」孟子曰：「強恕而行，求仁莫近焉。」蓋人能出於己者必忠，施於人者以恕，行事如此，雖有差失，亦少矣。凡未至乎聖人，未可語於仁，未能無憾於禮義，如其才質所及，心知所明，謂之忠恕，可也。聖人仁且智，其見之行事，無非仁，無非禮義，忠恕不足以名之；然而非有他也，忠恕至斯而極也。故曾子曰，「夫子之道，忠恕而已矣。」（而已矣者，不足之辭，亦無更端之辭。）下學而上達，然後能言此。論語曰，「多聞闕疑，愼言其餘；多見闕殆，愼行其餘。」又曰，「多聞，擇其善者而從之；多見而識之，知之次也。」又曰「我非生而知之者，好古敏以求之者也。」是不廢多學而識矣。然聞見不可不廣，而務在能明於心。一事豁然使無餘蘊，更一事而亦如是；久之，心知之明進於聖智，雖未學之事，豈足以窮其智哉？易曰，「精義入神，以致用也。」又曰，「智周乎萬物，而道濟天下，故不過。」孟子曰，「君子深造之以道，欲其自得之也。自得之，則居之安；居之安，則資之深；資之深，則取之左右逢其源。」凡此皆精於道之謂也。心精於道，全乎聖智，自無弗貫通，非多學而識所能盡。苟徒識其迹，將日逐於多，適見不足。易又曰，「天下同歸而殊塗，一致而百慮。天下何思何慮？」同歸，如歸於仁至義盡是也。殊塗，如事情之各區以別是也。一致，如心知之明盡乎聖智是也。百慮，如因物而通其則，是也。孟子曰，「博學而詳說之，將以反說約也。」約，謂得其至當。又曰，「守約而施博者，善道也。君子之守，脩其身而天下平。」約，謂脩其身。六經、孔孟之書，語行之約，務在脩身而已；語知之約，致其心之明而已。未有空指「一」而使人知之求之者。致其心之明，自能權度事情，無幾微差失，又焉用知「一」求「一」哉？

四二

問，論語言「克己復禮爲仁」，朱子釋之云，「己，謂身之私欲。禮者，天理之節文。」又云，「心之全德莫非天理，而亦不能不壞於人欲。」蓋與其所謂「人生以後此理墮在形氣中」者互相發明。老莊釋氏無欲而非無私；聖賢之道無私而非無欲。謂之私欲，則聖賢固無之。然如顏子（顏子孔刻本誤作子路）之賢，不可謂其不能勝私欲矣。豈顏子猶壞於私欲邪？況下文之言「爲仁由己」，何以知克己之己不與下同？此章之外，亦絕不聞私欲而稱之曰己者。朱子又云，「爲仁由己，而非他人所能與，」在語之而不惰者，豈容加此贅文以策勵之？其失解審矣。然則此章之解，可得聞歟？

曰，克己復禮之爲仁，以己對天下言也。禮者至當不易之則；故曰「動容周旋中禮，盛德之至也。」凡意見少偏，德性未純，皆己與天下阻隔之端，能克己以還其至當不易之則，斯不隔於天下。故曰「一日克己復禮，天下歸仁焉。」然又非取決於天下，乃斷之爲仁也。斷之爲仁，實取決於己，不取決於人，故曰「爲仁（孔刻本仁誤作人）由己而由人乎哉？」自非聖人，未易語於意見不偏，德性純粹；至意見不偏，德性純粹，動皆中禮矣。就一身舉之，有視，有聽，有言，有動；四者勿使爽失於禮，與動容周旋中禮，分「安」「勉」而已。聖人之言，無非使人求其至當以見之行；求其至當，即先務於知也。凡去私不求去蔽，重行不先重知，非聖學也。孟子曰，「執中無權，猶執一也。」權，所以別輕重；謂心之明至於辨察事情而準，故曰權；學至是，一以貫之矣，意見之偏除矣。

後序

四三

問，孟子闢楊墨，韓退之闢老釋。今子於宋以來儒書之言，多辭而闢之，何也？

曰，言之深入人心者，其禍於人也大，而莫之能覺也。苟莫之能覺也，吾不知民受其禍之所終極。彼楊墨者，當孟子之時以爲聖人賢人者也。老釋者，世以爲聖人所不及者也。論其人，彼各行所知，卓乎同於躬行君子，是以天下尊而信之。而孟子韓子不能已於與辨，爲其言入人心深，禍於人大也。豈尋常一名一物之訛舛比哉？孟子答公孫丑問知言曰，「詖辭，知其所蔽；淫辭，知其所陷；邪辭，知其所離；遁辭，知其所窮。生於其心，害於其政。發於其政，害於其事。聖人復起，必從吾言矣。」答公都子問外人皆稱夫子好辯曰，「邪說者不得作。作於其心，害於其事。作於其事，害於其政。聖人復起，不易吾言矣。」孟子兩言聖人復起，誠見夫詖辭邪說之深入人心，必害於事，害於政，天下被其禍而莫之能覺也。使不然，則楊墨告子其人，彼各行所知，固卓乎同於躬行君子，天下尊而信之，孟子胡以惡之哉？楊朱哭衢途，彼且悲求諸外者歧而又歧。墨翟之歎染絲，彼且悲人之受染失其本性。老釋之學則皆貴於抱一，貴於無欲。宋以來儒者蓋以理說之。（說之孔刻本誤倒。）其辨乎理欲，猶之執中無權。舉凡饑寒愁怨，飲食男女，常情隱曲之感，則名之曰人欲。故終其身見欲之難制。其所謂存理，空有理之名，究不過絕情欲之感耳。何以能絕？曰，主一無適。此卽老氏之抱一無欲。故周子以一爲學聖之要，且明之曰，「一者，無欲也。」天下必無舍生養之道而得存者。凡事爲皆有於欲。無欲則無爲矣。有欲而後有爲。有爲而歸於至當不可易之謂理。無欲無爲，又焉有理？老莊釋氏主於無欲無爲，故不言理。聖人務在有欲有爲之咸得理。是故君子亦無私而已矣，不貴無欲。君子使欲出於正，不出於邪，不必無饑寒愁怨飲食男女常情隱曲之感，以無欲然後君子，而小人之爲小人也依然行其貪邪，獨執此以爲君子者謂不出於理則出於欲，不出於欲則出於理。（此上四十六字孔刻本在「使君子無完行者爲禍如是也」之下。今細讀原文，文理甚不貫串。如此移置，始可讀。）於是讒說誣辭反得刻議君子而罪之，此理欲之辨使君子無完行者，爲禍如是也！其言理也，如有物焉得於天而具於心，於是未有不以意見爲理之君子，且自信不出於欲，則曰心無愧怍。夫古人所謂不愧不怍者，豈此之謂乎？不寤意見多偏之不可以理名，而持之必堅；意見所非，則謂其人自絕於理。此理欲之辨適成忍而殘殺之具，爲禍又如是也！夫堯舜之憂四海困窮，文王之視民如傷，何一非爲民謀其人欲之事？惟順而導之，使歸於善。今旣截然分理欲爲二，治己以不出於欲爲理，治人亦必以不出於欲爲理。舉凡民之饑寒愁怨飲食男女常情隱曲之感，咸視爲人欲之甚輕者矣。輕其所輕，乃吾重天理也，公義也，言雖美而用之治人則禍其人。至於下以欺僞應乎上，則曰人之不善。胡弗思聖人體民之情，遂民之欲，不待告以天理公義，而人易免於罪戾者之有道也？孟子於民之放辟邪侈無不爲，以陷於罪，猶曰「是罔民也。」又曰，「救死而恐不贍，奚暇治禮義？」古之言理也，就人之情欲求之，使之無疵之爲理。今之言理也，離人之情欲求之，使之忍而不顧之爲理。此理欲之辨適以窮天下之人盡轉移爲欺僞之人，爲禍何可勝言也哉！其所謂欲，乃帝王之所盡心於民。其所謂理，非古聖賢之所謂理。蓋雜乎老釋之言以爲言，是以弊必至此也。然宋以來儒者皆力破老釋，不自知雜襲其言，而一一傅合於經，遂曰六經孔孟之言。其惑人也易，而破之也難。數百年於茲矣。人心所知，皆彼之言，不復知其異於六經孔孟之言矣。世又以躬行實踐之儒，信焉不疑。夫楊墨老釋皆躬行實踐，勸善懲惡，救人心，贊治化，天下尊而信之，帝王因尊而信之者也。

孟子韓子闢之於前；聞孟子韓子之說，人始知其與聖人異，而究不知其所以異。至宋以來儒書之言，人咸曰，是與聖人同也。辨之，是欲立異也。此如嬰兒中路失其父母，他人子之而爲其父母，旣長不復能知他人之非其父母，雖告以親父母而決爲非也，而怒其告者。故曰破之也難。嗚呼，使非害於事害於政以禍人，方將敬其爲人，而又何惡也？惡之者，爲人心懼也。

與戴東原書

彭紹升

承示原善及孟子字義疏證二書，其於烝民物則形色天性之旨，一眼注定，傍推曲鬯，宣洩無餘；其文之切深奥衍，確然戴記之遺。漢唐諸儒言義理者，未之或先也。紹升憯於學問，於從入之塗不能無異，要其同然之理，卽欲妄生分辨，安可得邪？顧亦有一二大端不安於心者，敢質其說於左右。

竊謂學問之道，莫切於審善惡之幾，嚴誠僞之辨。善惡之幾審，則能日進於善而終止於至善。至善者，一天道之日新而已矣。誠僞之辨嚴，則能日進於誠而終於至誠無息。至誠者，一天命之不已而已矣。天命不外乎人心，天道不外乎人事。是故離人而言天，不可也。是二書之所極論也。其或外徇於形名，內錮於意見，分別追求，役役焉執筌蹏爲至道，而日遠乎無聲無臭之本然，不知天其何以知人？是故外天而言人，不可也。程伯子云，「天人本無二，不必言合。」一語之下，全體洞然，殆二書所未及察也。原善之言天命也，引記云，「分於道謂之命，」解之曰，限於所分曰命。此恐不足盡中庸天命之義。中庸之言天命也，言上天之載而已。此上不容有加。若有加，何以云至？「維天之命，於穆不已。」天之所以爲天，無去來，亦無內外。人之性於命也亦然。昭昭之天，即無窮之天，孰得而分之？命有自分，即性有所限。其可率之以爲道邪？率有限之性以爲道，遂能位天地育萬物邪？此其可質者一也。

虛寂之文見於大易。咸之象曰，「君子以虛受人。」大傳曰，「寂然不動，感而遂通天下之故。」不虛則不能受，不寂則不能通。清明在躬，氣志如神，虛寂之謂也。今謂犬之性，牛之性，當其氣無乖亂，莫不沖虛自然，則亦言之易矣。人於無事時，非有定力，不入於昏，則流於散。而況犬牛乎？又曰，「老莊尙無欲，君子尙無蔽。」似亦未盡。無欲則誠，誠則明。無蔽則明，明則誠。未有誠而不明，明而不誠者也。其謂君子之欲也，使一於道義。夫一於道義，則無欲矣。程伯子云，「天地之常，心普萬物而無心。聖人之常，情順萬事而無情。故君子之學莫若廓然而大公，物來而順應。」無欲之旨蓋在於是。固非必杜耳目絕心慮而後乃爲無欲也。此其可質者又一也。

疏證以朱子「復其初」之云本莊周書，而訾之以爲德性資於學問，進而聖智，非復其初明矣。是謂德性不足以盡道，必以學問加之，則德性亦不足尊矣。夫學問非有加於德性也，蘄有以盡乎其量而已。盡乎其量，則聖智矣。故曰，「堯舜，性之也。湯武，反之也。」性之者，明其無所加也。反之者，復其初之謂也。又以老莊釋氏之自貴其神，而轉以訾夫張朱二子。夫神之爲言，不始於老莊釋氏。易大傳曰，「神无方而易无體，」又曰，「神也者，妙萬物而爲言者也。」何謂邪？謂不當以神與形爲二本二之，非也。將先形而後神，而不知神之無可先也。此其可質者又一也。

合觀二書之旨，所痛攻力闢者，尤在「以理爲如有物焉，得於天而具於心」謂涉於二氏。先儒語病則不無；然外心以求理，陽明王子已明斥其非矣。將欲避眞宰眞空之說，謂離物無則，離形色無天性，以之破執可也；據爲定論，則實有未盡。以鄙意言之，離則無物，離天性無形色。何也？物譬之方員，則譬之規矩。未有舍規矩而爲方員者也。舍規矩而爲方員，則無方員矣。形色譬之波，性譬之水。未有舍水而求波者也。舍水而求波，則無波矣。於此欠分明，則於易所謂神，詩所謂上天之載，皆將遷就以傅吾之說，而先聖之微言滋益晦。其究也，使人逐物而遺則，徇形色，薄天性，其害不細。更望精思而詳說之，幸甚。不宣。

答彭進士書（據洪榜所作行狀此書作於丁酉四月）

允初先生足下：日前承示二林居制義，文境高絕。然在作者不以爲文而已，以爲道也，大暢心宗，參活程朱之說，以傅合六經孔孟，使閎肆無涯涘。孟子曰，「資之深則取之左右逢其源。」凡自得之學盡然。求孔孟之道，不至是，不可謂之有得。求楊墨老莊佛之道，不至是亦不可謂之有得。

宋以前，孔孟自孔孟，老釋自老釋；談老釋者高妙其言，不依附孔孟。宋以來，孔孟之書盡失其解，儒者雜襲老釋之言以解之。於是有讀儒書而流入老釋者；有好老釋而溺其中，既而觸於儒書，樂其道之得助，因憑藉儒書以談老釋者。對同己（對字孔刻本無。依段刻增。）則共證心宗；對異己則寄託其說於六經孔孟，曰，吾所得者，聖人之微言奧義。而交錯旁午，屢變益工，渾然無罅漏。

孔子曰，「道不同，不相爲謀，」言徒紛然辭費，不能奪其道之成者也。足下之道成矣，欲見僕所爲原善。僕聞足下之爲人，心敬之，願得交者十餘年於今。雖原善所指，加以孟子字義疏證，反覆辯論，咸與足下之道截然殊致，叩之則不敢不出。今賜書有引爲同，有別爲異。在僕乃謂盡異，無豪髮之同。

昔程子張子朱子，其始也亦如足下今所從事。程叔子撰明道先生行狀，曰，「自十五六時，聞周茂叔論道，慨然有求道之志。泛濫於諸家，出入於老釋者，幾十年。返求諸六經，而後得之。」呂與叔撰橫渠先生行狀，曰，「范文正公勸讀中庸。先生讀其書，雖愛之，猶以爲未足。又訪諸釋老之書累年，盡究其說，知無所得，返而求之六經。」知無所得者，陋之，非不知之也。朱子慕禪學在十五六時。年二十四，見李愿中，愿中教以看聖賢言語。而其後十餘年，有答何叔京二書。其一曰，「向來妄論持敬之說，亦不自記其云何；但因其良心發見之徵，猛省提撕，使心不昧，卽是做工夫底本領。本領旣立，自然下學而上達矣。若不察良心發見處，卽渺渺茫茫，恐無下手處也。所論多識前言往行，熹向來所見亦是如此。近因返求未得個安穩處，卻始知此未免支離。曷若默會諸心以立其本，而其言之得失自不能逃吾之鑒邪？」其一曰，「今年不謂饑歉至此。夏初所至洶洶，遂爲縣中委以賑糶之役，百方區處，僅得無事。博觀之弊，此理甚明，何疑之有？若使道可以多聞博觀而得，則世之知道者爲不少矣。熹近日因事方少有省發處。如「鳶飛魚躍」，明道以爲與「必有事焉而勿正」之意同者，今乃曉然無疑。日用之間，觀此流行之體，初無間斷處，有下工夫處。此與守書册，泥言語，全無交涉。幸於日間察之，知此，則知仁矣。」二書全背愿中，復歸釋氏，反用聖賢言語指其所得於釋氏者。至乾道癸巳，朱子年四十四，門人廖德明錄癸巳所聞云，「先生言二三年前見得此事尙鶻突，爲他佛說得相似。近年來方看得分曉。」是後朱子有答汪尙書書云，「熹於釋氏之說，蓋嘗師其人，尊其道，求之亦切至矣，然未能有得。其後以先生君子之教，校乎前後緩急之序，於是暫置其說，而從事於吾學。其始蓋未嘗一日不往來於心也。以爲俟卒究吾說而後求之，未爲甚晚。而一二年來，心獨有所自安，雖未能卽有諸己，然欲復求之外學以遂其初心，不可得矣。」

程朱雖皆先入於釋氏，而卒能覺寤其非。程子曰，「吾儒本天，異端本心。」朱子曰，「吾儒以理爲不生不滅，釋氏以神識爲不生不滅。」僕於孟子字義疏證，辯其視理也與老釋之視心，視神識，雖指歸各異，而僅僅就彼之言轉之，猶失孔孟之所謂理，所謂義。朱子稱「爲他佛說得相似」者，彼之心宗不特指歸與此異也，亦絕不可言似。程朱先從事於彼，熟知彼之指歸；旣而求之此，見此之指歸與彼異矣，而不得其本，因推而本之天。夫人物何者非本之天乎？豈得謂心必與天隔乎？彼可起而爭者也。苟聞乎此，雖愚必明，雖柔必強。擴而充之，何一非務盡其心以能盡道？苟自以爲是而不可與入堯舜之道，雖言理，言知，言學，皆似而非，適以亂德。

在程朱先入於彼，徒就彼之說轉而之此。是以又可轉而之彼，合天與心爲一，合理與神識爲一；而我之言，彼皆得援而借之，爲彼樹之助。以此解經，而六經孔孟之書，彼皆得因程朱之解援而借之，爲彼所依附。譬猶子孫未覩其祖父之貌者，誤圖他人之貌爲其貌而事之。所事固己之祖父也，貌則非矣。實得而貌不得，亦何傷？然他人則持其祖父之貌以冒吾宗，而實誘吾族以化爲彼族。此僕所由不得已而有疏證之作也。破圖貌之誤，以正吾宗而保吾族。痛吾宗之久墜，吾族之久散爲他族，敢少假借哉？

宋儒僅改其指神識者以指理，而餘無所改。其解孔孟之言，體狀復與彼相似。如大學章句於「在明明德」，中庸章句於「不顯維德」，尤渾合幾不可分。足下遂援「上天之載，無聲無臭」爲心宗之大源。於宋儒之雜用老氏尙無欲，及莊周書言復其初者，而中之曰，「無欲，誠也。湯武反之，復其初之謂也」。僕愛大戴禮記曰「分於道謂之命」道卽陰陽氣化，故可言分。惟分也，故成性不同。一語（段刻無一語二字。今依孔刻）而易稱「一陰一陽之謂道，」中庸稱「天命之謂性，」孟子辨別犬之性牛之性人之性之不同，豁然通貫而足下舉「維天之命，於穆不已，」以爲不得而分。此非語言之能空論也。宜還而體會六經孔孟之書本文云何。詩曰，「予懷明德，」對「不大聲以色」一而言；大學之明明德，以明德對民而言，皆德行行事，人咸仰見，如日月之懸象著明，故稱之曰明德。倘一事差失，則有一事之掩虧。其由近而遠，積盛所被，顯明不已，故曰明明德，曰明明德於天下。詩之「不顯，」「不承，」即書之「丕顯，」「丕承。」古字丕通用不，大也。中庸言「聲名洋溢乎中國；」其言闇然也，與日章並言，何必不欲大顯，而以幽深玄遠爲至？夫晝日當空，何嘗有聲臭以令人知，而疇不知之？不可引上天之載無聲臭以言其至乎？上天之載二語，在詩承「駿命不易」言。鄭箋云，「天之道難知也，耳不聞聲音，鼻不聞香臭。儀法文王之事，則天下咸信而順之。」在中庸承化民之德言，不假聲臭以與民接也。談老釋者，有取於虛靈不昧，人欲所蔽，本體之明，幽深玄遠，至德淵微，不顯之妙等語，與其心宗相似。不惟大學中庸本文差以千里，卽朱子所云，雖失大學中庸之解，而其指歸究殊。

又詩書中凡言天命，皆以王者受命於天爲言。天之命王者不已，由王者仁天下不已。中庸引「維天之命，於穆不已。於乎不顯，文王之德之純。」其取義也，主於不已，以見至誠無息之配天地。於穆者，美天之命有德深遠也；譬君之於賢臣，一再錫命，惓惓不已；美君之能任賢者，豈不可歎其深遠？引之者豈不可曰，此君之所以爲君也？凡命之爲言，如命之東則不得而西，皆有數以限之，非受命者所得踰。試以君命言之。有小賢而居上位，有大賢而居下位，各受君命以居其位；此命數之得稱曰君命也。君告誡之，使恭其事，而夙夜兢惕，務盡職焉：此教命之得稱曰君命也。命數之命，限於受命之初，而尊卑遂定。教命之命，其所得爲視其所能，可以造乎其極。然盡職而已，則同屬命之限之。命之盡職，不敢不盡職，如命之東，不敢不赴東。論氣數，論理義，命皆爲限制之名。

譬天地於大樹，有華，有實，有葉之不同，而華實葉皆分於樹。形之鉅細，色臭之濃淡，味之厚薄，又華與華不同，實與實不同，葉與葉不同。一言乎分，則各限於所分。取水於川，盈罍，盈瓶，盈缶；凝而成冰，其大如罍，如瓶，如缶，或不盈，而各如其淺深。水雖取諸一川，隨時與地味殊，而淸濁亦異。由分於川，則各限於所分。人之得於天也，雖亦限於所分，而人人能全乎天德。以一身譬之。有心，有耳目鼻口手足鬚眉毛髮，惟心統其全；其餘各有一德焉。故記曰，「人者，天地之心也。」瞽者心不能代目而視，聾者心不能代耳而聽，是心亦限於所分也。飲食之化爲營衞，爲肌髓，形可幷而一也。形可益形，氣可益氣，精氣附益，神明自倍。散之還天地，萃之成人物。與天地通者生，與天地隔者死。以植物言，葉受風日雨露以通天氣，根接土壤肥沃以通地氣。以動物言，呼吸通天氣，飲食通地氣。人物於天地，猶然合如一體也。體有貴賤，有小大，無非限於所分也。

心者，氣通而神。耳目鼻口者，氣融而靈。曾子曰，「陽之精氣曰神，陰之精氣曰靈。靈神靈者，品物之本也。」易曰，「精氣爲物，游魂爲變，是故知鬼神之情狀。」精氣爲物者，氣之精而凝，品物流形之常也。遊魂爲變者，魂之遊而存，其形敝而精氣未遽散也。變則不可窮詰矣。老莊釋氏見於遊魂爲變之一端，而昧其大常；見於精氣之集，而判爲二本。莊周書曰，「一受其成形，不亡以待盡。」釋氏人死爲鬼，鬼復爲人之說同此。周又曰，「其形化，其心與之然，可不謂大哀乎？」老氏之長生久視，釋氏之不生不滅，無非自私，無非哀其滅而已矣。故以無欲成其私。孟子曰，「廣土衆民，君子欲之。」又曰，「欲貴者，人之同心也。」又曰，「魚，我所欲也；熊掌，亦我所欲也。生，亦我所欲也；義，亦我所欲也。」在老釋皆無之，而獨私其遊魂，而哀其滅，以豫爲之圖。在宋儒惑於老釋無欲之說，謂「義亦我所欲」爲道心，爲天理；餘皆爲人心，爲人欲。

欲者，有生則願遂其生而備其休嘉者也。情者，有親疏長幼卑尊感而發於自然者也。理者，盡夫情欲之微而區以別焉，使順而達，各如其分寸豪釐之謂也。欲不患其不及，而患其過。過者狃於私而忘乎人，其心溺，其行慝。故孟子曰，「養心莫善於寡欲。」情之當也，患其不及，而亦勿使之過；未當也，不惟患其過，而務自省以救其失。欲不流於私則仁，不溺而爲慝則義。情發而中節則和。如是之謂天理。情欲未動，湛然無失，是謂天性。非天性自天性，情欲自情欲，天理自天理也。

足下援程子云，「聖人之常情，順萬事而無情；故君子之學，莫若廓然而大公，物來而順應，」謂無欲在是。請援王文成之言，證足下所宗主。其言曰，「良知之體，皦如明鏡。妍媸之來，隨物見形，而明鏡曾無留染。所謂情順萬事而無情也。無所住以生其心，佛氏曾有是言。明鏡之應，妍者妍，媸者媸，一照而皆眞，卽是生其心處。妍者妍，媸者媸，一過而不留，卽是無所住處。」程子說聖人，陽明說佛氏，故足下援程子不援陽明，而宗旨則陽明尤親切。陽明嘗倒亂朱子年譜，謂朱陸先異後同。陸王，主老釋者也。程朱，闢老釋者也。今足下主老釋陸王，而合孔孟程朱與之爲一。無論孔孟不可誣，程朱亦不可誣，抑又變老釋之貌爲孔孟程朱之貌，恐老釋亦以爲誣己而不願。

老氏曰，「唯之與阿，相去幾何？善之與惡，相去何若？」告子曰，「性無善無不善也。義，外也，非內也。」釋者曰，「不思善，不思惡，時認本來面目。」陸子靜曰，「惡能害心，善亦能害心。」王文成曰，「無善無惡心之體。」凡此，皆不貴善也。何爲不貴善？貴其所私而哀其滅，雖逐於善，亦害之也。今足下言之則語益加密，曰，「形有生滅，神無方也，妙萬物也，不可言生滅。」又曰，「無來去，無內外。」引程子「天人本無二，不必言合，」證明全體，因名之曰無聲無臭之本，謂之爲天命之不已，而以至誠無息加之；謂之爲天道之日新，而以止於至善加之。請援王文成之言證足下所宗主。其言曰，「夫良知一也。以其妙用而言，謂之神；以其流行而言，謂之氣。」又曰，「本來面目，卽吾聖門所謂良知。隨物而格，是致知之功。佛氏之常惺惺，亦是常存他本來面目耳。體段功夫，大略相似。」陽明主扞禦外物爲格物；隨物而格，所謂遏人欲也。常惺惺，朱子以是言存天理，以是解中庸戒愼恐懼，實失中庸之指。陽明得而借中庸之言以寄託本來面目之說，曰，「養德養身，止是一事。果能戒愼不睹，恐懼不聞，而專志於是，則神住，氣住，精住，而仙家所謂長生久視之說亦在其中矣。」莊子所謂復其初，釋氏所謂本來面目，陽明所謂良知之體，不過守己自足。既自足，必自大，其去中庸「擇善固執，」「博學審問愼思明辨篤行，」何啻千萬里？

孟子曰，「反身而誠，樂莫大焉。」曰，「反身不誠，不悅於親矣。」中庸孟子皆曰「不明乎善，不誠乎身矣。」今舍明善，而以無欲爲誠，謬也。證心宗者，未嘗不可以認本來面目爲明乎善。此求伸其說，何所不可？老子告子視善爲不屑爲，猶能識善字。後之宗之者，幷善字假爲己有，實幷善字不識。此事在今日，不惟彼所謂道德非吾所謂道德，舉凡性與天道，聖智仁義誠明，以及曰善，曰命，曰理，曰知，曰行，無非假其名而易其實。反身不誠，言事親之道未盡也。反身而誠，言備責於身者無不盡道也。孟子曰，「堯舜，性之也。湯武，身之也。五霸，假之也。久假而不歸，惡知其非有也？」性之，由仁義行也。身之，仁義實於身也。假之，假仁義之名以號召天下者，久則徒知以仁義責人，而忘己之非有。又曰，「堯舜，性者也。湯武，反之也。」下言「動容周旋中禮者，盛德之至也，」申明性者如是言「哭死而哀，非爲生者也。經德不回，非以干祿也。言語必信，非以正行也。君子行法以俟命而已矣。」皆申明反之，謂無所爲而爲，乃反而實之身；若論復其初，何用言非爲生者，非以干祿，非以正行，而且終之曰俟命？其爲反身甚明。各覈本文，悉難假借。

足下所主者，老莊佛陸王之道；而所稱引，盡六經孔孟程朱之言。誠愛其實乎？則其實遠於此。如誤以老莊佛陸王之實爲其實，則彼之言親切著明，而此費遷就傅合，何不示以親切著明者也？誠借其名乎？則田王孫之門猶有梁丘賀在。況足下閱朱子答何叔京二書，必默然之及程朱闢老釋，必不然之；而至於借助，則引程朱爲同乎己。然則所取者，程朱初惑於釋氏時之言也；所借以助己者，或其前之言，或其後之似者也。所愛者，釋氏之實也。愛其實而棄其名，借其名而陰易其實，皆於誠有虧。足下所云「學問之道莫切於審善惡之幾，嚴誠僞之辨」，請從此始。倘亦如程朱之用心，期於求是，不雜以私，則今日同乎程朱之初，異日所見或知程朱之指歸與老釋陸王異。然僕之私心期望於足下，猶不在此。程朱以理爲如有物焉，得於天而具於心，啓天下後世人人憑在己之意見而執之曰理，以禍斯民；更淆以無欲之說，於得理益遠，於執其意見益堅，而禍斯民益烈。豈理禍斯民哉？不自知爲意見也。離人情而求諸心之所具，安得不以心之意見當之？則依然本心者之所爲。拘牽之儒不自知名異而實不異，猶貿貿爭彼此於名，而輒蹈其實。敏悟之士覺彼此之實無異，雖指之曰沖漠無朕，究不得其彷彿，不若轉而從彼之確有其物，因卽取此以賅之於彼。嗚呼，誤圖他人之貌者，未有不化爲他人之實者也！誠虛心體察六經孔孟之言，至確然有進，不惟其實與老釋絕遠，卽貌亦絕遠，不能假託。其能假託者，後儒失之者也。是私心所期於足下之求之耳。

日間因公私紛然，於來書未得從容具論。大本苟得，自然條分理解。意言難盡，涉及一二，草草不次。南旋定於何日？十餘年願交之忱，得見又不獲暢鄙懷。伏惟自愛！震頓首。

戴東原的哲學

中華民國十六年十月初版

學生用 普通用 每定價大洋 壹元貳角 壹元肆角

外埠酌加運費匯費

著者 胡適

發行兼印刷者 商務印書館 上海寶山路

發行所 商務印書館 上海及各埠

THE PHILOSOPHY OF TAICHEN

By

HU SHIH, Ph. D.

1st ed., Oct., 1927

Student's Edition Price : $1.20 postage extra
Popular Edition Price : $1.40

THE COMMERCIAL PRESS, LTD.

Shanghai, China